Lembra de mim?

**DESAFIOS E CAMINHOS
PARA PROFISSIONAIS
DA EDUCAÇÃO INFANTIL**

© 2021 by Emilia Cipriano Sanches

© Direitos para esta publicação exclusiva
CORTEZ EDITORA
Rua Monte Alegre, 1074 – Perdizes
05014-001 – São Paulo – SP
Tel.: (11) 3864-0111 Fax: (11) 3864-4290
cortez@cortezeditora.com.br
www.cortezeditora.com.br

Direção
José Xavier Cortez

Projeto Editorial
Elaine Nunes

Edição para a autora
Paulo Jeballi

Editor
Amir Piedade

Preparação
Isabel Ferrazoli

Revisão
Alexandre Ricardo da Cunha
Gabriel Maretti
Rodrigo da Silva Lima

Edição de Arte
Mauricio Rindeika Seolin

Capa
Vivian Lobenwein

Obra em conformidade ao
Novo Acordo Ortográfico da Língua Portuguesa

Dados Internacionais de Catalogação na Publicação (CIP)
(Câmara Brasileira do Livro, SP, Brasil)

Sanches, Emilia Cipriano
    Lembra de mim?: desafios e caminhos para profissionais da educação infantil / Emilia Cipriano Sanches. – 1. ed. – São Paulo: Cortez, 2021.

    Bibliografia.
    ISBN 978-65-5555-187-7

    1. Aprendizagem 2. Educação de crianças 3. Educação infantil 4. Educadores – Formação profissional 5. Ensino 6. Pedagogia I. Título.

21-81622   CDD-370.71

Índice para catálogo sistemático:

1. Educação infantil: Profissionais: Formação:
Educação 370.71

Cibele Maria Dias – Bibliotecária – CRB-8/9427

Impresso no Brasil – outubro de 2021

Emilia Cipriano Sanches

Lembra de mim?

DESAFIOS E CAMINHOS PARA PROFISSIONAIS DA EDUCAÇÃO INFANTIL

1ª edição
2021

À minha mãe Francisca, que completa 90 anos ao nascer desta obra. Por sua luta como educadora e por sua coerência em sempre incentivar a autonomia e o protagonismo dos filhos, netos e bisneta.

Ao meu amado Claudio, que sempre ilumina minha trajetória e compartilha a esperança na construção de uma educação humanizadora.

Aos meus queridos filhos Claudio e Amanda, que me inspiram todos os dias a me reencantar com a vida.

Aos profissionais da educação infantil, pela coragem de lutar pelos direitos das crianças.

SUMÁRIO

Prefácio, 6

Apresentação, 12

I
Futuro em construção, 16

II
Cultura infantil, 26

III
Sinais captados, 34

IV
Investigação do mundo, 42

V
Educador construtor, 50

VI
O que é aprender?, 60

VII
Currículo emergente, 68

VIII
A riqueza das trocas, 75

IX
Escola da infância, 83

X
Autônoma, sim. Autômata, jamais, 91

XI
Formação do formador, 97

XII
Espaço vivo, 106

Referências, 115

PREFÁCIO

Este é um livro marcado pelo compromisso, pela frontalidade, mas, sobretudo, pela esperança. Um livro corajoso num tempo em que, no Brasil, o debate público e a reflexão sobre a visão estratégica da Educação, os sentidos da Escola e os projetos de trabalho em sala de aula estão na ordem do dia. Um debate que está longe de ser entendido como algo fácil, dadas as tensões e interesses em jogo, as diferenças ao nível das crenças e das ideias dos atores sociais envolvidos e a própria diversidade de um país que obriga a pensar na implementação do projeto de Educação a partir de realidades e condições tão distintas.

O livro de Emilia Cipriano é um contributo para o debate sobre a construção do futuro e a impossibilidade de o projetar sem pensar na criança e sobre o sentido da vida. Um contributo informado que se constrói a partir de uma reflexão implicada e sustentada numa experiência em que a autora esteve envolvida durante toda a sua vida.

Esta obra é pertinente e bem-vinda, na medida em que contribui com um conjunto de possibilidades de ação que, de um modo geral, visa à democratização da escola pública brasileira. A autora propõe caminhos e soluções alternativas àqueles projetos e práticas educacionais meramente subordinados à instrução. Para ela, o trabalho dos educadores e das crianças deve ser entendido tanto como uma tarefa pessoal e culturalmente significativa quanto capaz de assumir um impacto formativo adequado às vivências e desafios do século XXI. Uma escola que, como se pode sentir no livro, se afirme pela sua atividade educacional, e não em função de um assistencialismo demagógico e inconsequente. Essa proposta contribui para que compreendamos a complexidade da educação face aos desafios contemporâneos de um mundo em constante e exigente transformação.

Neste sentido, creio que estamos perante uma obra com uma utilidade pedagógica indiscutível que se explica, em primeiro lugar, devido às preocupações conceituais que sustentam o conjunto dos textos que compõem este livro e, em segundo lugar, devido às suas preocupações praxiológicas – preocupações que têm a ver com a necessidade de inspirar outras práticas, e isso é, na minha perspectiva, uma outra dimensão que gostaria de valorizar.

Assim, numa visão panorâmica da obra, verificamos que essas preocupações atravessam, de forma diversa e transversalmente, os textos dos diferentes capítulos que, de um modo geral, nos confrontam tanto com a problemática do protagonismo das crianças, como com a problemática da organização cooperativa do trabalho de aprendizagem. Para isso, a autora se utiliza dos diferentes sentidos e imprime a eles uma outra visibilidade, com um olhar epistemológico, na relação entre os sujeitos e o saber que um novo paradigma de educação para a infância permite desvendar.

Creio que a obra que agora, e em boa hora, se publica pode constituir um instrumento fundamental quer para estimular uma reflexão consequente sobre o programa da educação infantil, quer para apoiar os projetos afins nos diferentes contextos deste país. Como os leitores poderão comprovar, este é um livro que discute, a partir de um enquadramento histórico, a importância da educação da infância e a compreensão do seu caminho já percorrido no mundo e no Brasil, como também o que ainda há para ser feito a fim de que esse caminho seja cada vez mais forte a serviço da democratização da escola brasileira.

Importa compreender que nesta obra há ainda uma outra preocupação que tem a ver com a proposta de um novo papel a assumir pelos educadores. É preciso que eles deixem de se definir como meros instrutores e se assumam como interlocutores qualificados (Cosme, 2009). Assim como os capítulos demonstram, os educadores necessitam perder a centralidade enquanto atores educativos para adquirir um papel educacionalmente mais influente na criação de dinâmicas pedagógicas e didáticas potencializadoras da aprendizagem das crianças. O trabalho dos educadores não poderá mais ser circunscrito a um trabalho de facilitação pedagógica, já que essa prática não permite revelar a complexidade de uma intervenção que exige, igualmente, desafios e confrontos dialógicos com as crianças. Interessante é que tal papel terá que ser compreendido em função da necessidade de possibilitar a afirmação das crianças como protagonistas, compreendendo-se que esse não é um dado adquirido, mas um objetivo a assumir, o qual passa, em larga medida, pela construção da relação entre crianças e adultos educadores, bem como pela relação das crianças entre si. Tal processo depende, todavia, da intencionalidade com que se organiza e gerencia o trabalho pedagógico promovido em cada sala de aula.

Nas palavras da autora, é preciso reconhecer que as crianças são produtoras de cultura. "A ideia de que só nós, adultos, é que produzimos cultura não cabe mais na nossa contemporaneidade. Uma questão decisiva para nós, educadores, é termos a clareza de que a criança tem voz própria." Por isso, a problemática da aprendizagem colaborativa está presente como um objeto de reflexão transversal, indissociável da reflexão sobre o protagonismo das crianças, a reconfiguração do papel dos professores e a organização e gestão do trabalho pedagógico.

Diria mesmo que uma das discussões mais interessantes para a qual este livro nos convoca diz respeito à articulação entre a valorização das crianças como protagonistas e a necessidade de promover a colaboração entre elas. Esse processo terá que ser entendido como condição à ruptura de uma leitura adultocêntrica que precisamos ultrapassar numa escola onde a única fonte de saber e de regulação é o educador. Aprender é aprender a pensar. Neste sentido, o aprender a cooperar também passa a ser entendido como condição a uma aprendizagem mais significativa e substancial e, concomitantemente, à assunção de um projeto de educação para a cidadania que se constrói através da experiência concreta na infância.

Finalmente, dizer que, em cada página deste livro, é possível sentir a impressão digital de Emilia Cipriano e o seu respirar, pois fala sempre do que lhe é mais caro: a promoção de uma infância mais feliz e mais segura para todos. Esta é uma obra de afetos, atravessada por afetos, e só temos que lhe estar agradecidos, na medida em que nos ajuda a compreender melhor as potencialidades, as vulnerabilidades, as zonas de risco e os obstáculos, bem como as oportunidades educativas da construção de uma escola socialmente mais justa e culturalmente mais significativa, onde as crianças possam, como nos recomenda Paulo Freire, "fazer amigos, educar-se, ser feliz. É por aqui que podemos começar a melhorar o mundo".

Porto, agosto de 2021
Ariana Cosme
Faculdade de Psicologia e Ciências da Educação
da Universidade do Porto, Portugal

APRESENTAÇÃO

*Mas as coisas findas
muito mais que lindas,
essas ficarão.*

"Memória" – Carlos Drummond de Andrade

Anos atrás, eu estava em uma conferência em São Paulo, em um auditório com cerca de cinco mil pessoas. Vi uma pessoa na plateia me ouvindo de uma forma efetiva, com olhar que denotava um certo encantamento. Ao término do evento, a moça veio a mim, me deu um abraço e fez uma pergunta que, para uma educadora com muitos anos de ofício, é difícil de lidar: "Você se lembra de mim?". É deveras complicado recordar de todas as crianças que foram minhas alunas. Elas vão crescendo, vão se transformando. Naquele momento, eu disse a ela: "Oh, minha querida... Não lembro especificamente de você, mas eu sei que nós temos alguma coisa que nos uniu fortemente, pelos teus olhos, pelo teu jeito de assistir à minha apresentação". Ela olhou bem para mim: "Eu fui sua aluna". Ao perguntar em que série, veio a revelação: "No maternal!". Décadas se passaram, e ela me manteve na memória por todos esses anos.

Esse episódio me faz abrir este livro com um questionamento que vai permear a nossa interação até a última página: já refletiu como você se faz presente nas memórias das crianças? Nas marcas que imprime no caminho e no jeito de ser de cada uma delas?

Penso que um exercício profundo de reflexão do educador da infância é perguntar-se a todo momento: "Ao fazer essa opção, eu tinha claro que me tornaria uma referência para essas crianças?". Nós temos a possibilidade de abrir os mundos para esses seres humanos que potencialmente nos chegam com condições de criar, de fazer conexões, de transformar, de gerar situações novas ao longo de seus trajetos.

A propósito, se existe um segmento profissional que obtém retornos imediatos de relações de afeto é o dos educadores da infância. As crianças nos proporcionam isso, elas expressam seus sentimentos, nos devolvem rapidamente o resultado das nossas ações.

Eu, como educadora da infância, sempre que olhava para as crianças, me perguntava se acreditava de fato no que estava propondo a elas. Se aquilo não fosse verdadeiro para mim, passava a não ter nenhum sentido para as crianças. Afinal, as crianças são muito perspicazes, identificam logo se o que está sendo colocado faz parte do universo delas. A nossa capacidade de lidar com sonhos, com as reflexões da infância só vai se constituindo quando criamos vínculos com as crianças. Esse é um grande desafio na educação da infância. Não se trata de querer pensar nas crianças que fomos, mas de interpretar as crianças que estão aí, com as características que trazem, com o enfrentamento de uma realidade, em muitos casos, mais contraditória e complexa do que as gerações anteriores viveram.

A escola da infância abre um campo grande de possibilidades, e nós precisamos investir na nossa formação e na delas para que sejam capazes de realizar suas potencialidades. É fundamental que essa construção seja permeada com prazer, com felicidade, com inspiração. O ato de educar necessita de objetivos claros, situado no tempo e no espaço, e de sensibilidade na construção participativa do processo.

Nós temos nas mãos muitas histórias, que são únicas, peculiares e singulares. Mas precisamos ter consciência de que nós somos criadores de sentidos. A nossa grande referência deve ser a nossa consciência de que, junto com as crianças e com as famílias, somos capazes de transformar a realidade.

I

Futuro em construção

Nem o futuro nem o presente existem. Nem se pode dizer que os tempos são três: passado, presente e futuro. Talvez fosse melhor dizer que os tempos são: o presente do passado; o presente do presente; o presente do futuro. E estes estão na alma; não os vejo alhures. O presente do passado é a memória, o presente do presente é a percepção, o presente do futuro é a expectativa.

Santo Agostinho

É impossível uma sociedade pensar na construção do futuro sem pensar na criança, sem pensar nas gerações, sem pensar no sentido da vida.

Nossa história recente mostra isso. Com a mobilização intensa de setores da sociedade, as políticas públicas em relação à infância tiveram avanços no Brasil nas últimas décadas. Um grande marco foi a Constituição de 1988, quando a criança passou a ser vista como sujeito de direitos, e não mais como um ser sob tutela da família. O Estado passou a reconhecer a educação infantil como um dever. Dois anos depois, o Estatuto da Criança e do Adolescente (ECA) surgiu como um instrumento legal para assegurar os direitos das crianças, na faixa etária de zero a 12 anos.

Em 1993, a Lei Orgânica de Assistência Social (LOAS), ao amparar pessoas financeiramente desfavorecidas, foi mais um reforço na concepção da criança como sujeito de direitos. Três anos depois, a Lei de Diretrizes e Bases (LDB) se constituiu um marco por considerar a educação infantil como primeira etapa da educação básica. No final de 2009, as Diretrizes Curriculares Nacionais para a Educação Infantil foram publicadas com a finalidade de organizar as propostas pedagógicas nesse segmento.

Em 2016, a Lei do Marco Legal da Primeira Infância reafirmou a importância da participação das famílias/responsáveis nas redes de proteção social e o cuidado das crianças pequenas em seus contextos sociofamiliares e comunitários. Nesse mesmo ano, foi aprovado o Plano Nacional da Primeira Infância (revisado em 2020), que desencadeou os Planos Municipais da Primeira Infância. No ano seguinte, foi aprovada a Base Nacional Comum Curricular, constituída como processo pedagógico que estabelece a conexão entre três elementos: direitos de aprendizagem e desenvolvimento das crianças (conviver, brincar, participar, explorar, expressar-se e conhecer-se), os campos de experiência e os objetivos de aprendizagem e desenvolvimento. Essa proposta está fundamentada nas Diretrizes Nacionais de Educação Infantil (2009) a partir dos princípios: éticos, estéticos e políticos. Esse documento estabelece como eixos estruturantes as brincadeiras e as interações.

São conquistas indubitavelmente relevantes, porém, ainda precisamos avançar para aprimorar o atendimento e fortalecer o nosso papel de educador nessa fase tão importante de formação do ser humano.

A começar pelo conceito de infância. Na minha concepção e de vários outros pesquisadores da área, a infância é compreendida na faixa de zero a 12 anos. Então, além da educação infantil, abrangeria o primeiro ciclo do ensino fundamental. Desde o ECA, educação infantil é entendida como o período de zero a 6 anos. Até então, vigorava uma divisão na qual de zero a 3 anos a abordagem primordial era a do cuidado, sobretudo por meio de creches e, nas idades de 4 a 6 anos, a abordagem tornava-se mais educacional.

Na linha de pesquisa da qual comungo, a infância não fica tão atrelada à faixa etária, é muito mais baseada na natureza de atendimento. Isso significa um alinhamento entre o cuidar e o educar do zero aos 6 anos, sem distinção.

Devemos seguir nessa trajetória de conquistas, especialmente, a partir da compreensão da criança como sujeito de direitos e, como tal, uma pessoa que precisa ser olhada na sua integralidade. Esse é um princípio a nos orientar. As crianças têm voz, têm espaço, têm referências, pensam e formulam ideias. Elas estão inseridas em um contexto, portanto, têm protagonismo e são coconstrutoras de uma cultura. Essa concepção pode nos fazer avançar muito, se observarmos a criança com potencial humano para que tenhamos uma sociedade mais solidária nas suas formas de convivência.

Muitas vezes, porém, nós pensamos a educação infantil a partir do ensino fundamental e não a partir da sua própria especificidade. As crianças pequenas, de zero a 3 anos, têm demandas específicas em relação ao espaço, à organização, ao tempo, que são diferentes das crianças de outras faixas. Por isso, na minha concepção, o movimento deveria ser o inverso: a educação infantil dar o tom para uma educação mais sensorial, mais lúdica, mais relacional, mais participativa. Isso claramente vai exigir uma grande sensibilidade e empatia do educador.

Outra questão importante que vem no bojo dessas mudanças é o entendimento do que é trabalhar com crianças pequenas. Tradicionalmente, sempre se olhou a criança pequena, em sua construção, numa perspectiva de preparação para um futuro. Tanto que era costumeiro falar sobre "preparar para ser, um dia, um cidadão". Não, a criança já nasce cidadã. Desde o ventre da mãe ela já deve ser entendida sob uma perspectiva de cidadania. Afinal, ela tem uma vida, que vai se constituir em seu tempo, que não é só o futuro, mas o presente, o aqui e agora. A nova percepção é de que não se trata de um "vir a ser"; a criança é.

Por essa mesma linha de pensamento, eu não concordo com o termo "pré-escola", pois passa a ideia de ser uma etapa que prepara para a escola, portanto, equivale a não considerar uma escola ainda. E evidentemente não é isso o que acontece, uma vez que a criança está se construindo naquele momento, naquela história, naquele processo. Sem dúvida, ela já está em um período de formação — e dos mais importantes, diga-se. Eu prefiro chamar de "escola da infância" ou a variante mais formal "escola de educação infantil".

Cabe ressalvar que os avanços foram valiosos e que todos esses documentos legais contribuem para orientar, formular e implementar políticas públicas. Não podemos, no entanto, perder de vista uma questão crítica para o futuro da nossa sociedade: a invisibilidade das infâncias. Conforme alerta o sociólogo português Manuel Pinto: "A realidade não se transforma pela simples publicação de normas jurídicas, as desigualdades e discriminação contra crianças não acabaram nesses últimos anos, paradoxalmente, continuam aumentando de modo assustador".

Ao falarmos de infância, qual é o compromisso que a nossa sociedade tem assumido com suas crianças? Existe uma dificuldade imensa de encarar esse fenômeno da invisibilidade. Não ser vista, não ser percebida é um dos sentimentos mais complexos na infância. É quando a própria criança percebe que não tem nenhum tipo de interação com o espaço e com o outro. É como se ela não existisse. Essa invisibilidade gesta um conjunto de questões que depois precisarão ser tratadas em outras esferas.

Entre os paradoxos existentes na nossa sociedade, merece atenção o fato de que as crianças com menos acesso ao atendimento na infância são justamente aquelas que mais necessitariam desse apoio. São as crianças das classes mais desprivilegiadas em termos socioeconômicos. Essa é uma questão que merece nossa atenção, e na qual precisamos avançar urgentemente, e que é de ordem política, social e cultural.

Existem grupos de crianças que não chegam a constituir demanda, pois nem sequer aparecem nas estatísticas. Aliás, entre as necessidades de se pensar em políticas públicas está justamente a de trazer à tona a visibilidade dessas infâncias. São as crianças que vivem em condições precárias, em contextos reveladores da opressão e exclusão. Tanto que usa-se o termo "busca ativa" para trazer à tona essas demandas, que nem são configuradas dentro dessa ideia de política pública por absoluta falta de condições, de estrutura, de organização para serem consideradas sujeitos de direitos no espaço da sociedade.

No âmbito social, diversos fenômenos acontecem simultaneamente e vão desaguar no ambiente escolar. Entre os quais, o crescimento das famílias chefiadas por mulheres. O estudo "Retrato das Desigualdades de Gênero e Raça", com base em séries históricas de 1995 a 2015, da Pesquisa Nacional por Amostra de Domicílios (Pnad), do IBGE, mostra que, em 1995, 23% dos domicílios eram chefiados por mulheres. Em 2015, esse percentual subiu para 40%. Significa que quatro em cada dez lares no País têm mulheres como pessoas de referência (não necessariamente sem um cônjuge, em 34% desses lares havia essa presença).

Mas, desses dados, é possível depreender a existência de lares monoparentais. Isso se confirma num recorte na região metropolitana de São Paulo, onde um levantamento da Fundação Sistema Estadual de Análise de Dados (Seade) mostra que quatro (39%) em cada dez lares são chefiados por mulheres. Nesse segmento, o arranjo familiar predominante (46%) é o de mulheres sustentando filhos e/ou netos, sem um cônjuge.

Entre as diversas reconfigurações que acontecem na dinâmica social, ocorrem desdobramentos como crianças que se veem tendo de cuidar de crianças menores; crianças não acolhidas por estruturas sociais, como creches; crianças que passam horas sem a supervisão de adultos. Situações que podem expô-las a riscos de vários tipos de violência.

Historicamente, há que se considerar também crianças vitimizadas pelo trabalho infantil. Levantamento do IBGE mostra que, em 2019, o Brasil tinha 1,8 milhão de pessoas entre 5 e 17 anos em situação de trabalho infantil. Um contingente que deixou de vivenciar os tempos da infância na tentativa de buscar alguma renda para ajudar no orçamento familiar.

Certa vez, eu fazia um trabalho de formação de educadores de infância numa cidade do litoral do Brasil. Algumas crianças estavam em roda, brincando no espaço público, enquanto outro grupo de crianças carregava bacias de água em cima da cabeça. Elas chegaram a colocar as bacias no chão para observar com admiração aquelas que brincavam. Era nítido que desejavam também estar naquele espaço do lúdico, da brincadeira, e participar daquele ambiente, em que havia direito à vida, às relações, à troca.

Cabe ressaltar que essa realidade é encontrada em vários países e em diversos contextos. Uma criança em um grande centro urbano pode ser cerceada em seus direitos de uma forma diferente de outra no meio rural, por exemplo.

Como registrou o escritor uruguaio Eduardo Galeano (1940--2015) no livro *De pernas pro ar: A escola do mundo ao avesso* (LP&M, 1999): "Dia a dia nega-se às crianças o direito de ser crianças. Os fatos, que zombam desse direito, ostentam seus ensinamentos na vida cotidiana. O mundo trata os meninos ricos como se fossem dinheiros, para que se acostumem a atuar com o dinheiro atual. O mundo trata os meninos pobres como se fossem lixo, para que se transformem em lixo. E os do meio, os que não são ricos nem pobres, conserva-os atados à mesa do televisor, para que aceitem desde cedo como destino, a vida aprisionada. Muita magia e muita sorte têm as crianças que conseguem ser crianças". O professor e pesquisador português Manuel Jacinto Sarmento tem estudos relevantes sobre a exclusão, provocada por uma série de fatores, como guerras, trabalho infantil, pobreza que atravessa gerações, entre outros.

Em "Infância, exclusão social e educação como utopia realizável", Sarmento faz a seguinte análise: "Conhecer as crianças impõe, por suposto, conhecer a infância. Isto vale por dizer que os itinerários individuais, privados e singulares de cada criança só fazem completo sentido se perspectivados à luz das condições estruturais que constrangem e condicionam cada existência humana. Essas condições, relativamente a cada categoria geracional, constituem o pano de fundo sobre o qual intervém cada um dos atores, ou, dito de modo mais rigoroso, exprimem o conjunto de constrangimentos estruturais que cada membro da sociedade continuamente sofre, interpreta, reproduz e refaz na sua interação com os outros". [1]

---

1. "Infância, exclusão social e educação como utopia realizável", publicado em *Educação & Sociedade*, ano XXIII, nº 78, abril/2002. Trecho reproduzido com adaptação à grafia brasileira.

Essa é uma questão decisiva para o futuro da nossa sociedade. Precisamos garantir que as crianças realmente sejam sujeitos de direitos, com políticas inclusivas e humanitárias, haja vista o intenso fluxo migratório ao redor do mundo. Além da questão humanitária, existem estudos que mostram que uma sociedade que cuida bem de suas crianças avança em vários aspectos, sociais, culturais e econômicos.

O economista norte-americano James Heckman, vencedor do Nobel de Economia em 2000, tem um trabalho que aponta que investimentos na primeira infância, sobretudo em crianças em situação de vulnerabilidade social, além de terem relativo baixo custo, geram retorno sobre o investimento de 7% a 10% ao ano. Percentuais que têm como base o aumento da escolaridade e do desempenho profissional e consideram também a redução de custos com reforço escolar, com saúde e com justiça penal.

Do ponto de vista humano, esse é um desafio sobre o qual precisamos pensar muito e nos mobilizarmos para a construção de uma sociedade com menos desigualdades e que se paute pelos princípios da humanização, da inclusão e da equidade.

II

Cultura infantil

As coisas que não têm nome
são mais pronunciadas por crianças.

Manoel de Barros

Não é possível se pensar numa infância única. O conceito de infância está atrelado ao contexto, à realidade social. A infância é uma construção social que se forma a partir da conjunção de uma série de fatores. Por isso, devemos pensar em infâncias.

Tem sido crescente o número de pesquisas realizadas na área de desenvolvimento humano que identificam que a infância, especialmente no período de zero a 6 anos, tem impacto em toda a formação da identidade humana. Isso abrange as esferas da cognição, da afetividade, da ética, da moral, das relações humanas. Vale ressaltar que as pesquisas têm sido feitas em áreas diversas, hoje não somente centradas na psicologia, mas também em história, antropologia, neurociência e sociologia da infância. Pode-se dizer que existe uma convergência sobre o impacto que a infância tem na vida dos seres humanos, na construção da identidade humana. Portanto, quando estamos trabalhando com um ser em formação, estamos contribuindo para a constituição toda dessa estrutura humana.

Uma dessas pesquisas se desdobrou no livro *Qualidade na educação da primeira infância: perspectivas pós-modernas* (Artmed, 2003), de Peter Moss, Gunilla Dahlberg e Alan Pence. Nessa obra, os autores enfatizam que a infância precisa ser contextualizada, daí a ideia de que não existe uma infância, mas múltiplas infâncias nas escolas, nas comunidades, na sociedade. Por que múltiplas infâncias? Porque elas estão relacionadas a fatores como local, cultura, condições socioeconômicas. Refletem os autores:

> A infância é uma construção social elaborada para e pelas crianças, em um conjunto ativamente negociado de relações sociais. Embora a infância seja um fato biológico, a maneira como ela é entendida é determinada socialmente. (Moss, Dahlberg e Pence, p. 71, 2003)

Quando eu falo da criança, posso usar o termo "a criança". Mas, para infância, é preciso ter claro que existem infâncias, porque são diferentes. Por vezes usamos "infância" como uma categoria universal, quando, na realidade, as crianças estão em contextos diferentes. As crianças muçulmanas, as orientais, as refugiadas, as que crescem nas classes populares, as das classes médias, por exemplo, vivem infâncias diferentes, com referências distintas. Uma criança do interior gaúcho e uma criança ribeirinha do Norte do Brasil têm infâncias diferentes.

No Rio Grande do Sul, por exemplo, eu participei de rodas de crianças passando o chimarrão de uma para a outra. Faz parte da cultura delas. Assim como outros lugares cultivam seus próprios hábitos. Por isso, a forma como as crianças criam os vínculos, como assimilam rituais, tem a ver com a cultura onde estão inseridas.

E existe também a cultura infantil, aquela que é construída entre as crianças. Esse termo "cultura infantil" tem muito a ver com a sociologia da infância e afirma que a infância tem uma cultura própria. Nas diversas mudanças que ocorrem na contemporaneidade, observa-se uma reinstitucionalização da infância, ou seja, a instituição que cuida da infância teve uma ampliação muito significativa.

No livro *Linguagens e culturas infantis* (Cortez, 2013), da professora Adriana Friedmann, as culturas infantis são narradas pelas brincadeiras de crianças de diferentes regiões do Brasil. Por meio da descrição das brincadeiras contadas pelas crianças, podemos perceber a importância do brincar pelas culturas lúdicas.

> Quando brinca, a criança está falando
> no seu tempo, que é só dela,
> a criança escreve com seu corpo uma melodia.
> Com seu gesto, sua mão, seu olhar e seu sorriso
> imprimindo a pegada do seu coração.
> Como nós, adultos, quando dançamos,
> pois a palavra consegue dizer com o coração,
> sem pensar
> só dizer.
> (Friedmann, 2013, p. 58)

As ideias e as representações sociais sobre as crianças estão muito voltadas às mudanças que vêm acontecendo nas suas condições efetivas de vida e nas suas relações com a sociedade.

Um exemplo é a crescente inserção da mulher no mercado de trabalho. Hoje o fenômeno do filho único está presente em muitas famílias. Segundo o Censo de 2010, a mulher no Brasil tem em média 1,9 filho, uma redução que vem se observando desde a década de 1960. Essa é uma mudança significativa, pois a casa é diferente de décadas atrás, quando havia uma organização e uma troca de experiências entre cinco, seis irmãos, que construíram as relações de uma cultura própria daquele grupo. Um quadro que sugere que na sociedade atual a criança fala muito mais "eu" do que "nós". Isso traz implicações na própria cultura que ela está constituindo. Nesse contexto, quando falamos da socialização, o papel da escola ganha uma dimensão muito maior. Porque é o espaço que possibilita uma série de experiências que ela deixou de viver no âmbito familiar.

Por isso, a sociologia da infância contextualiza a infância dentro desta cultura própria. Esse processo de reinstitucionalização exprime-se num plano estrutural e simbólico. Há uma questão estrutural maior para cuidar das infâncias, mas há uma questão simbólica e, desse modo, as culturas são também um objeto de pluralização e de diferenciação. Por isso há tantas concepções diferentes na análise dessa relação que as crianças constroem entre elas em diferentes culturas.

Em suma, essa cultura é construída pela sociedade na qual a criança está inserida e também formada entre as próprias crianças. Afinal, elas fazem descobertas entre seus pares, desde muito pequenas, de uma forma diferente em cada sociedade. Daí a pluralidade, pois, conforme os contextos em que se vive, as relações são estabelecidas. Numa comunidade de uma periferia urbana, por exemplo, onde há uma cultura maior do cuidado, em que crianças cuidam de crianças menores, as relações são diferentes daquelas vivenciadas por crianças em contextos em que são mais individualizadas.

A vivência que as crianças têm dentro da escola é, muitas vezes, maior do que a que têm com a própria família. Principalmente as que ficam em tempo integral. Há crianças que ficam das 7 às 19 horas nas escolas. É nesse espaço que ela constrói a cotidianidade. A escola da infância, portanto, precisa ter esse olhar sobre a cultura dessas crianças que vivem esses fenômenos. Muitas apenas dormem e passam o fim de semana em suas casas.

Com isso, a escola se evidencia como o espaço da vida coletiva. Isso tem implicações diretas na forma como as crianças leem o mundo e como se relacionam com as pessoas. É esse ambiente que propicia às crianças fazerem descobertas e interagirem entre si, criando a cultura dos pares. A propósito, umas das maiores aprendizagens que eu tive foi observar uma turma de crianças pequenas lidar com uma que era deficiente. A interação se deu de modo muito espontâneo, com a compreensão de que havia ali uma condição diferente – e não um fator impeditivo para se estabelecer uma relação de aproximação e trocas.

Essa percepção levanta uma questão para nós, educadores: Como pesquisar as opiniões que essas crianças têm entre si, a relação entre elas, as descobertas que fazem a partir da própria experiência?

Nós vamos descobrindo o universo simbólico da mente infantil a partir da observação e da interação com essas crianças, dentro da cultura que elas constroem, da linguagem, das suas narrativas, da observação dos seus desejos, da forma como fazem suas escolhas e tomam decisões.

O trecho abaixo de "O lugar comum", de Maria Velho da Costa, ilustra o que a criança faz com o seu pensamento:

> Há um lugar pequeno, lugar tão pequeno, como uma casinha de vidro na floresta em cima do alfinete, disse a criança. É lá que eu guardei a minha pena da cara de todos.
> Esta criança vai deixar de sorrir, disse o Medidor de Crianças.
> (...)
>
> Há um lugar, um lugar pequeno, tão pequeno, como o ovo azul do bicho-da-seda, disse a criança. É lá que eu guardei o meu amigo.
> Essa criança vai deixar de falar, disse o Medidor de Crianças.
>
> (...)
>
> Há um lugar, um lugar pequeno, tão pequeno como a pedra do açúcar que a mosca leva para os seus filhinhos partirem e fazerem espelho, disse a criança.
> É lá que eu guardei a minha mãe.
> Essa criança morreu, disse o Medidor das Crianças.

> Há um lugar, um lugar pequeno, tão pequeno como a bolha de um sumo dentro do gomo de tangerina, disse a criança.
> É lá que eu guardei e comi-o e passou para dentro do dentro do mais pequeno dos buracos do meu coração.
>
> Esta criança acabou, disse o Medidor de Crianças, é preciso fazer outra.
>
> (*Desescrita*. Porto: Afrontamento, 1973)

Esse é o espaço autoral da criança e precisa ser visto sob essa perspectiva. Não é o adulto o articulador, mas a própria experiência que a criança está vivendo naquele momento, com espaço para ter voz efetiva. Voz ela tem, mas precisa ser ouvida nesses processos. É isso que faz a cultura infantil.

III

Sinais captados

*A educação é onde decidimos se amamos
nossas crianças o bastante
para não expulsá-las de nosso mundo.*

Hannah Arendt

Para assumir a existência de uma cultura infantil, é preciso observar o que as crianças estão fazendo, o que estão pensando, o que estão dizendo. Que lugar a criança ocupa na nossa sociedade? Que lugar ocupa nas observações que fazemos? Na sociedade brasileira, a criança ainda é colocada numa perspectiva de pouca compreensão dessa cultura. A produção de estudos sobre o que a criança fala, o que ela sente tem crescido expressivamente, mas, de modo geral, ainda não existe na escola a devida valorização das narrativas infantis.

As crianças revelam seu pensamento o tempo todo. Hoje existem convenções, assembleias, conselhos mirins e até orçamento participativo elaborado por crianças de 4, 5, 6 anos. Sim, elas têm essa condição. Agora, é claro que esse espaço precisa ser criado, não é fazer uma montagem, um estereótipo de comunicação.

É preciso investigar a comunicação entre elas. É aí que o pensamento se revela. O professor rapidamente descobre, desde que tenha disponibilidade para olhar para as crianças. Aliás, as crianças conseguem ensinar algumas coisas umas para as outras que o educador adulto não consegue. Muitas e muitas vezes, eu percebia que levava horas para explicar algo para uma criança. Aí vinha um amigo dela e em dois minutos resolvia. Porque há uma cultura de construção de lógica, de organização do pensamento. O pensar das crianças precisa ser mais valorizado em todas as suas perspectivas, e as que não dominam a linguagem oral convencional o fazem também, de outras maneiras, por meio de gestos, atitudes, olhares, expressões faciais, choro, tudo o que evidencia seus sentimentos.

E quero deixar claro que essa não é uma visão romantizada, até porque nós podemos também deparar com diversos temas delicados, ligados à violência, ao desrespeito aos direitos, que são reflexos do entorno daquela criança. Eu acredito que o caráter de uma pessoa se constitui no contexto das suas relações.

Uma das maiores contribuições da sociologia da infância é promover uma abertura para entender o universo da criança. As infâncias possíveis e as implicações que essas infâncias podem ter nos respectivos contextos.

Por exemplo, o programa *Territórios do brincar*, dos documentaristas Renata Meirelles e David Reeks, é uma mostra da cultura infantil por meio de brincadeiras em diferentes cenários do Brasil, das comunidades rurais e indígenas às metrópoles. É impressionante observar que quanto mais a cultura for não escolarizada, mais as crianças detêm o olhar para os seus quintais, para os seus espaços.

Esse é um alerta: ao mesmo tempo que a escola pode ampliar o olhar, pode também reduzi-lo. Houve uma época em que eu trabalhei em Porto Seguro, na Bahia, e me lembro de crianças sendo alfabetizadas por uma professora na areia. Ela trabalhava muitas linguagens, vivências, experiências ali com as crianças. A acolhida de manhã era feita olhando para o mar. Isso faz todo o sentido, pois é parte integrante da cotidianidade dela. A professora sentava-se embaixo de uma árvore lindíssima, ensinando literatura. Depois, as crianças corriam para o banho de mar. Havia o contato com a terra, com a temperatura, com a água, um ambiente altamente favorável para as descobertas das crianças. É diferente de olhar as paisagens, os universos, as formas, os caminhos percorridos através de uma tela.

O pesquisador norte-americano William A. Corsaro escreveu *Sociologia da infância*, um material muito rico em que são observadas as narrativas das crianças entre elas. Ele diz que existe uma cultura entre os pares e que para o educador da infância poder trabalhar com a criança na sua essência, no seu pensamento, precisa ter uma observação dessas narrativas, não intervindo, mas fazendo a mediação.

Quando o educador ressalta a descoberta feita por uma criança, esse gesto demonstra que a fala dela tem autoria. É uma representação importante por valorizar o exercício de autoimagem da criança. Serve também para socializar a ideia dela com os que estão em volta, e também com os adultos, com as famílias.

Na prática, isso exige ter um registro. As narrativas infantis podem ser gravadas, filmadas, fotografadas, mas elas precisam ser valorizadas. Além de ser um acervo do vivido, se constitui uma documentação pedagógica, que propicia análises e reflexões. Quando uma escola da infância, por exemplo, expõe frases das crianças nas paredes, há ali um espaço de cultura infantil, em que as crianças têm o seu olhar mostrado e reconhecido.

Linguagens, espaços, planejamento de contextos, todo esse trabalho precisa ter a presença do lúdico, mas também necessita de documentação. O registro não é um documento para cumprir uma burocracia. Estou me referindo ao registro que traga a história, a produção, o caminho percorrido pela criança. O educador que faz isso passa a ter esse registro como um documento vivo. Esse é um dos instrumentos mais importantes do trabalho pedagógico, pois abre a possibilidade de se olhar o processo, de analisar, de refletir, de perceber as vicissitudes, os desafios e os avanços. É a oportunidade de o educador valorizar a memória e a autoria.

Ao gerar esses registros, o educador da infância empreende um exercício de percepção. Significa apreender aquilo que as crianças falam, estar atento às suas vozes, perceber aquilo que elas dizem – não só com palavras, mas por meio do corpo, de suas manifestações culturais, de suas representações simbólicas, de seus desenhos, de seu modo de interagir com o outro.

Nos relatórios discutidos com a família, em vez de enfatizar um padrão de desenvolvimento infantil, é bem mais enriquecedor discutir as narrativas nas quais as crianças foram se aprofundando, as descobertas que fizeram. É um outro olhar, em que a criança realmente ocupa o espaço de viver em cenas cotidianas que são reveladoras do seu pensamento. Elas estão pensando o tempo todo, independentemente de nós.

Para identificar com mais acurácia o que as crianças pensam, eu costumo utilizar cinco critérios básicos:

1) **Observação**: trata-se de lançar um olhar de investigador, aquele que vai além das meras constatações. E ficar o tempo todo fazendo conexões com o que já foi anteriormente observado. É o olhar de um cientista mesmo, que vai formulando perguntas sobre as hipóteses que as crianças levantam.

2) **Documentação**: é o registro desses movimentos, para perceber as mudanças que vão ocorrendo ao longo do processo.

3) **Escuta**: esse é um exercício constante do educador e, à medida que vai sendo feito, a escuta vai se aprimorando. Às vezes, surgem palavras no universo da linguagem infantil, e isso aumenta o nosso repertório de compreensão. Um grupo de crianças conversando há cinquenta anos tinha uma forma de expressão, que, aliás, nem era objeto de estudo, porque se dizia "ah, isso é conversa de criança". Hoje nós temos de entender que conversas são essas, sobre o que elas conversam, o que trocam entre si, quais são os sentidos que atribuem ao que falam, como valorizam determinadas coisas em detrimento de outras.

4) **Diálogo**: para se conversar com criança, é preciso conhecer o universo da cultura infantil. O educador prepara uma aula, mas

precisa compreender o jogo simbólico, as trocas que as crianças fazem sem interferir na originalidade. O professor precisa entender que relação elas estão estabelecendo ali. Isso se dá a partir da observação, da documentação, da escuta delas. Esse é o passaporte para essa relação dialógica.

5) Análise: a investigação sobre que ações podem contribuir para o desenvolvimento dessa cultura. Isso a partir do olhar delas, não do olhar do próprio educador. Muitas vezes, nós já vamos dizendo "as crianças precisam disso, disso e disso". Será que é disso mesmo que elas precisam? As crianças vão pontuando as suas necessidades, seus medos, suas inseguranças. Uma criança assustada, por exemplo, com um monstro imaginário dá pistas. Por isso as narrativas são importantes.

A propósito, uma passagem que ilustra bem essa situação está no livro *Agora não, Bernardo*, de David McKee (WMF Martins Fontes, 2010). O menino faz sucessivos alertas aos pais da aproximação de um monstro e sempre ouve como resposta a frase que dá título ao livro: "agora não, Bernardo". O que é o monstro? Uma metáfora de coisas que ele descobriu e que fazem parte das inseguranças. Ele não tem interação nenhuma com a família. O monstro passa a ser a grande parceria dele. Desde a primeira pista, havia indicação de que alguma coisa estava errada. As crianças dão pistas, e precisamos estar atentos a elas.

A sociologia da infância estuda os diálogos entre as crianças, as observações que elas fazem das suas relações e suas escolhas.

Esses aspectos podem revelar situações como insatisfações, discriminações e *bullying*, entre outras. É fundamental que a escola da infância tenha esse olhar do acolhimento das crianças. O educador não pode simplesmente ignorar, "não, isso não está acontecendo", porque para a criança está acontecendo. O monstro imaginário pode ser uma manifestação de medo e insegurança, mas pode ser a representação de uma ameaça real, como um assédio. Pelo simbólico, as crianças manifestam algo real. O desenho, por exemplo, é um dos instrumentos mais fortes para identificar crianças pequenas vítimas de assédio. Elas não falam sobre isso, mas algumas marcas no desenho, na forma como se referem ao corpo, podem revelar pistas de que algo esteja acontecendo.

É preciso ter uma observação muito precisa e estar o tempo todo refletindo, inclusive sobre mediação de conflitos. Crianças pequenas, às vezes, trazem marcas de conflito entre os pais, com vizinhos, do contexto onde vivem. Muitas vezes o assédio sexual de crianças é feito dentro da família. Elas morrem de medo de falar porque sabem os riscos de sofrerem punições. A criança tem alguns códigos secretos, e o educador só vai poder interagir se captar os sinais emitidos. Aliás, a figura da professora é uma das mais procuradas para esse tipo de ajuda. Isso é muito importante, pois mostra que a escola, com todas as dificuldades que carrega, ainda é um espaço significativo de proteção à vida. Por isso o educador da infância acolhe as crianças não a partir do olhar que ele tem sobre o que elas necessitam, mas a partir da leitura que faz junto com as crianças nesse processo.

IV

Investigação do mundo

Agora eu era o rei
Era o bedel e era também juiz
E pela minha lei
A gente era obrigado a ser feliz.

"João e Maria" – Sivuca e Chico Buarque

As crianças são produtoras de cultura. A ideia de que só nós, adultos, é que produzimos cultura não cabe mais na nossa contemporaneidade. Uma questão decisiva para nós, educadores, é termos a clareza de que a criança tem voz própria. Durante muito tempo, nossa tendência foi fazermos uma leitura adultocêntrica. Mas o fato é que as crianças têm competência para produzir cultura, desde que sejam provocadas, levadas a desafiar a si mesmas, a descobrir respostas. Elas podem ser grandes investigadoras, com significativo potencial de ampliação de repertório. Ajudar na formação do repertório dessas crianças é nosso papel também.

Cabe observar que as crianças hoje têm um acesso a informações como nunca se teve na história. Mas precisamos contribuir para que essa informação seja conectada às suas vidas. Nesse aspecto, a função do educador da infância não é dar respostas, mas ajudar as crianças nessa investigação que fazem do mundo.

Na nossa cultura, nós não fomos trabalhados para acreditar na potência que o indivíduo tem. Ao vivenciar uma experiência, é possível se fazer com o outro, mas não vivenciar pelo outro. Pela observação e pela escuta atenta, o educador pode evidenciar as descobertas que as crianças vão fazendo, mas não fazer por elas. Por isso eu defendo a hipótese de que, para trabalhar com educação infantil, o profissional precisa ter uma compreensão profunda das relações humanas.

Ao reconhecermos que a criança tem voz, fica evidente a necessidade de termos capacidade de escuta. Considero esse um princípio fundamental sobre o qual o educador da infância precisa refletir. A pedagogia da infância contempla a pedagogia da escuta. E essa escuta não pode se restringir àquilo que queremos ouvir. Precisamos ouvir, de fato, o que as crianças estão revelando, seus potenciais, suas marcas, suas contribuições culturais.

Nós estamos escutando as crianças? Considero que a escuta hoje da sociedade em relação às crianças ainda é muito pequena. Exemplos muito claros nos mostram que nunca se falou tanto sobre a importância da primeira infância e, paradoxalmente, a informação disponível não se reflete na realidade. Ao mesmo tempo que pesquisas mostram a importância desse momento na vida, as crianças nem sempre são valorizadas em suas descobertas, em suas leituras de mundo.

Se soubermos estimular a curiosidade da criança pequena, ela é capaz de ficar horas observando uma borboletinha andando.

Nós, adultos, muitas vezes, subestimamos essas ocasiões. Quando a criança recolhe folhas num passeio no parque e reconstrói o cenário na sala de aula, colocando as folhinhas num papel, precisamos ter a sensibilidade para identificar o que ela está dizendo, o que está sendo representado ali. Do contrário, ficamos no campo do estereótipo: "Ah, que bonitinho, cola aqui, faz assim".

Essa fase exploratória, das descobertas, é muito rica, inclusive porque contribui para a criança construir autonomia. Convém ressaltar que a autonomia não é dada, é construída. Quanto mais o adulto fizer pela criança, menos a autonomia se estabelece. E hoje nós temos uma espécie de automatização, um apego à rapidez, o adulto sai fazendo até o que a criança teria condição de fazer por si só. Ela vai beber água. Por que eu vou pegar o copo e colocar a água? Não. Eu vou colocar o copo e o filtro em uma altura em que ela possa se servir. Vou criar um ambiente que favoreça a interação da criança, a desenvoltura para que ela solucione as suas necessidades e, desse modo, ganhe autonomia.

É um grande problema quando falamos para a criança "você não vai conseguir". Não se trata, evidentemente, de colocar a criança em risco, mas de estimular uma interação, uma movimentação mais empoderada. Para não replicar a atitude da interdição: "não suba que você vai cair", "não mexe porque você vai quebrar", "não faça porque você não sabe"... A escola da infância não pode ser a escola do "não", ela tem de ser a escola da experiência.

As crianças têm muito a falar. Felizmente, existem produções com crianças pequenas. Uma me chama muita atenção: *A criança fala: a escuta de crianças em pesquisa* (org. Silvia Helena Vieira Cruz, Cortez Editora, 2008), sobre a qualidade da primeira infância, em que se aborda a qualidade da educação infantil, escutando crianças do Norte, do Nordeste e do Sul do Brasil. E essa escuta de crianças vai revelando o quanto elas têm a nos dizer sobre a leitura que fazem do mundo.

O exercício da escuta é fundamental para construir o diálogo. Essa ponte só se estabelece quando temos a capacidade de olhar para a criança e olhá-la de novo. Sair de um olhar engessado, baseado em uma criança-padrão, em um desenvolvimento preestabelecido, e passar a olhar para cada criança a partir do seu próprio desenvolvimento.

A definição da aprendizagem não advém de um modelo preestabelecido, mas do próprio desenvolvimento da criança, pois é ela quem me dá essas pistas. Mas, para isso, eu preciso olhar com olhos de quem quer fazer descobertas e não apenas constatar e anotar. É refletir com intensidade, adentrar o universo infantil, identificar quais são as hipóteses que as crianças trazem, que, muitas vezes, são muito mais profundas do que imaginamos. Não podemos subestimar, de maneira alguma, essa potência. E também não devemos lançar um olhar para enxergar um pequeno ser idealizado, mas identificar manifestações e possibilidades que podem surgir nessa interação.

Já participei de uma experiência em que a educadora conduzia autoavaliações com crianças pequenas. Sem dúvida, era um desafio, e a educadora se dispôs a encará-lo. O que mais me chamou atenção foi constatar que as crianças, nesse momento de autoavaliação, foram construindo uma cumplicidade com essa educadora, que era a escriba das opiniões que elas davam, da forma como se colocavam. Uma prova de que a autonomia não pode ficar apenas no discurso, mas ser construída cotidianamente.

A pedagogia que contempla a escuta, o diálogo, o olhar, precisa ser um exercício de profunda reflexão. Tudo o que realizamos deve passar pela análise do que essa atividade, de fato, agrega para as crianças. A escola da educação da infância precisa ter um tempo de vida com as crianças. As crianças revelam muito na convivência.

Essa é uma revolução conceitual, em que a experiência ocupa um lugar dos mais importantes nas práticas pedagógicas. Agora, para que isso não fique apenas no discurso, o profissional de educação precisa ter clareza do seu papel de agente transformador e ter esse conceito internalizado e materializado em suas ações cotidianas.

Olhar, escutar. A escola da infância precisa educar para os sentidos – e isso abrange não só as crianças, como nós, professores e as famílias. Por que as crianças nos escutam tão pouco? Porque nós as escutamos muito pouco. Precisamos transformar esse comportamento, porque a escuta pressupõe o diálogo, que, por sua vez, se conecta com a empatia. Todos esses aspectos influem significativamente na organização da vida coletiva e na aprendizagem significativa.

A educação deve estruturar um projeto para trabalhar não apenas com a dimensão individual, mas com a dimensão coletiva. É na escola da infância que princípios importantes, como solidariedade, fraternidade e civilidade, se instalam. E isso se dá nas atividades cotidianas, quando uma criança espera a outra passar, quando aguarda o colega deixar um objeto para usá-lo na sequência.

Eu sempre defendi que as crianças se servissem nas refeições, mesmo que no começo derrubassem comida. Confio que processualmente elas vão desenvolvendo a autonomia. Além disso, considero que é numa atividade como essa que as crianças aprendem a respeitar o espaço do outro. "Ele está se servindo, depois é a minha vez." Não passam na frente, não gritam para apressar o colega. Essa é uma aprendizagem nas rotinas, na cotidianidade. O educador de infância tem de fazer essa costura o tempo todo. A casa da criança, onde ela vive com a família, é um coletivo que tem uma determinada lógica. Mas quando ela chega à escola, vai aprender outros modos coletivos. Aprende que o outro existe e que é preciso estar em harmonia com ele. Essa aprendizagem está na organização do espaço, na sequência de fala sem interrupção da fala do outro, nas mãozinhas levantadas para pedir a vez nas assembleias, na observação do que o outro está trazendo para o grupo.

As experiências coletivas propiciam o exercício de respeito com o outro e a inclusão de quem tem uma condição diferente. Aprender a respeitar o espaço e o tempo do outro, a prestar o apoio de que o outro necessita. Certa vez, presenciei um episódio de uma criança que chorava muito porque o cachorro dela havia morrido. A professora teve a sensibilidade de fazer a discussão: "Como foi a morte do seu cachorro?". E todas as demais crianças se colocavam, verbalizavam a compreensão do que era o sentimento do outro. Chamo de sensibilidade porque essa professora tinha a consciência de que era preciso estabelecer conexões o tempo todo com o cotidiano das crianças. Porque elas trarão elementos de suas várias outras interações, com a família, com os vizinhos, com as mídias, e podem trazer até mesmo informações tóxicas. Cabe ao educador explicar o mundo de outras formas. Não existe uma forma de explicar, são várias as formas de identificar o que há de significativo naquele diálogo que a criança está propondo. Essa é uma prática fundamental para a vida em cooperação.

Um dos aspectos mais trabalhados na cultura infantil é a construção dos combinados com as crianças. Desde muito pequenas as crianças precisam refletir sobre os seus combinados, sobre as regras – e aqui não necessariamente regras socialmente preestabelecidas, mas de convivência. Até para participar de um jogo é preciso seguir os combinados, do contrário, não tem jogo.

O processo formativo humano precisa ter uma perspectiva colaborativa. Se o professor da infância trabalha nessa perspectiva com as crianças, o ser humano é olhado como humano, com suas dores, suas percepções de mundo, sua noção de solidariedade. Essas construções não são meramente cognitivas, são resultantes da relação entre as pessoas.

V

Educador construtor

*Quando as crianças brincam
E eu as oiço brincar,
Qualquer coisa em minha alma
Começa a se alegrar.*

"Quando as crianças brincam" – Fernando Pessoa

O educador da infância deixa marcas para a vida inteira. Diversas pesquisas e experiências relatadas mostram como esse período é decisivo na vida das crianças. O escritor mineiro Rubem Alves (1933-2014) atribuía aos educadores da infância a condição de "fundadores do mundo". Eu, particularmente, diria que falar de educador da infância é falar de construtor de identidades humanas. Mas, para isso, é necessário olharmos para as pessoas com olhos de quem acredita nesse papel.

Educar na infância deixa nas crianças modelos mentais, físicos, relacionais da maior importância. Nesse sentido, a discussão não se refere à infância como um conceito abstrato, mas como construção social, de crianças inseridas nesse contexto.

Como já mencionei, um aspecto que me preocupa bastante é esse olhar para as crianças, sempre projetando-as para o futuro e não observando o presente. A criança é importante no tempo em que ela vive, não se trata de um vir a ser. Mais do que isso, ela nasce e vai se constituindo como ser humano à medida que se relaciona com outros humanos. A corriqueira pergunta "o que você vai ser quando você crescer?" não faz sentido. Isso tem muito a ver com a cultura ocidental. Nunca estamos no presente, no aqui e agora. Estamos sempre projetando e, por vezes, perdemos a percepção de que a criança já é.

O filósofo e pedagogo norte-americano John Dewey (1859-1952) trazia a ideia de que não vamos preparar ninguém para a vida. A escola já é a vida. Vejo isso, por exemplo, na questão do desfraldar. Algumas escolas da infância tratam o desfraldar como se fosse uma etapa mecanizada, quando, na verdade, tem muito a ver com emoção, com o que o indivíduo retém e com o que solta. Quanto mais a criança estiver se sentindo livre, mais fluido esse processo será, não adianta fazer barganha. Tal como a questão da chupeta. Numa escola da infância que visitei, quando as crianças iam tirar a chupeta, elas doavam para a árvore. Como a árvore florescia, era a retribuição dela para as crianças. Olha que coisa simbólica mais linda!

A educação infantil reúne três bases fundamentais para organizar o nosso pensamento. A primeira é a base epistemológica, que dá sustentação aos conceitos, tem a ver com a construção dos conhecimentos. Desse modo, devemos nos perguntar quais são os conhecimentos importantes para uma criança. Não me refiro a áreas dissociadas. Todo o trabalho envolvido na educação infantil deve ter uma natureza multidisciplinar, em que os conhecimentos sejam convergentes. As áreas não são separadas, mas articuladas entre si.

Ao contar uma história, estou transmitindo uma dimensão histórica, uma dimensão da geografia, uma dimensão do físico, uma sonoplastia que ajuda no entendimento, portanto, trata-se de um conhecimento que carrega conceitos articulados.

A segunda base é a axiológica, relacionada aos valores. Quais são os valores que nós estamos constituindo com esses seres humanos? E não me refiro a falar sobre valores. É o modo como nós trabalhamos a perspectiva ética, a perspectiva estética (das trocas, da sensibilidade), a perspectiva de atenção ao outro. Como trabalhamos o respeito nas relações. Esse tipo de valor precisa ser uma vivência cooperativa que vai se construindo no ambiente da educação infantil.

A terceira base é a ontológica, que se refere à formação do ser e congrega conhecimento e valores. Que ser humano é esse que eu estou trazendo para uma vivência, para o seu exercício de cidadania? Como é a minha contribuição para esse ser que organiza o seu espaço, que faz uma intervenção nesse mundo e que tem a possibilidade de ser um protagonista?

Aqui vale a reflexão do que significa ser protagonista. Significa reconhecer a potencialidade de ser autor e ator das próprias ações. Por isso o educador da infância tem um papel decisivo, porque não é possível formar atores e autores sem essa experiência.

O educador da infância é também um autor. Ele precisa se perceber valorado por essa ação, caracterizada pela intencionalidade. Em toda ação efetuada devem estar presentes as questões "por que faço?", "como faço?", "qual o meu propósito com isso?", "que formação de ser humano está engendrada nesse processo?", "qual é o projeto maior?". Essas bases intervenientes vão nos proporcionar uma dimensão do papel profissional que estamos desempenhando.

Nessa linha, vale apontar as quatro dimensões elencadas pelo pesquisador português Rui Canário, estudioso da área de formação de professores, que me inspiram a transpor esses papéis para a atuação do educador da infância:

1) **Analista simbólico**: é aquele que olha em volta, reconstitui sentidos, está sempre preocupado em investigar. Tem como características a curiosidade, a observação e a articulação de vários objetos de conhecimento.

2) **Artesão**: o educador vai tecendo todas as aprendizagens, articulando conceitos, mobilizando o grupo a fazer novas descobertas, identificando as necessidades e aquilo que ainda precisa ser mais profundamente investigado.

3) **Profissional da relação**: é marcado pela clareza de que tudo o que realiza naquele espaço tem um papel decisivo na vida daquele ser. Ele é um ser na relação, portanto, quanto mais interagir com seu grupo, com as crianças e com as famílias delas, mais decisivo será seu papel na construção desse projeto. Cabe lembrar que aquela pessoa que traz a criança à escola traz junto valores, cultura, contexto, necessidades, princípios que têm que ser respeitados, investigados, avaliados, refletidos, analisados numa ótica de acolhimento.

4) Construtor de sentidos: o educador adentra numa dimensão histórica de vida das crianças. Passa a fazer parte da memória delas. As recordações da infância podem ser reconstituídas a qualquer tempo da vida humana e ficam marcadas pelo afeto entrelaçado com pensamentos, com experiências concretas, com indagações, com investigações, com descobertas.

Essas dimensões se articulam entre si, fazendo parte desse mosaico de saberes e fazeres do profissional de educação infantil.

Nessa perspectiva, quais são as características fundamentais da pedagogia da infância? A primeira delas (não hierarquicamente) é pensar na forma como organizar o espaço em que a criança interage. Que lógica esse ambiente tem? Está concebido pela visão da relação com as crianças? O educador precisa saber por que a distribuição acontece daquela forma, por exemplo, em relação à altura dos objetos, às formas, às cores, ao jeito como às produções aparecem, aos painéis e às pinturas.

De acordo com a pedagoga Maria da Graça Souza Horn, no livro *Sabores, cores, sons, aromas: a organização dos espaços na educação infantil* (Artmed, 2004), os espaços educam. E, para isso, é importante compreender que os espaços físicos da escola, ao serem construídos coletivamente, serão permeados por valores de cada bebê, criança e família estabelecendo um sentido de pertencimento, para então serem denominados como ambientes.

A organização de espaço deve passar pela busca da fonte de conhecimento da infância, que é a brincadeira. A criança consegue desenvolver os seus processos de leituras interna e externa a partir da brincadeira. Eu gosto muito quando o pediatra e psicanalista inglês Donald Winnicott (1896-1971) diz que "é no brincar, e talvez apenas no brincar, que a criança ou o adulto fruem de sua liberdade de criação". Ao brincar, a criança desenvolve a capacidade de criar, de se modificar. Desde o jogo simbólico ao jogo de construção, ao jogo de regras – as várias formas de se orientar no mundo –, todos esses jogos têm sentido, quando perpassados por uma relação de significado. Isto é, o educador da infância observa as crianças brincando, sem dirigir a brincadeira. Ele dá sentido a esse processo ao possibilitar experiências lúdicas por meio de ambientes desafiadores, até que seja convidado a participar de suas brincadeiras.

Nos últimos anos, houve uma profusão de artigos na linha "brincadeira é coisa séria". Eu costumo dizer que, na educação da infância, é a brincadeira que organiza a perspectiva curricular. É a partir do brincar que a criança dá pistas do seu pensamento. Portanto, só faz sentido um projeto de educação infantil se houver a investigação sobre o pensamento da criança. E jamais devemos considerá-la uma tábula rasa, mas, sim, um ser que interage, que contribui, que observa, que faz buscas constantes no ambiente em que está inserida.

Outro aspecto fundamental na educação da infância é a perspectiva das linguagens. Trabalhar com educação infantil é lançar mão de diferentes linguagens. Algumas são muito significativas: a linguagem do toque, do corpo, das imagens, das artes cênicas. São nessas linguagens que a criança desenvolve sua capacidade lúdica e suas competências simbólicas.

Uma descoberta que chama a atenção no âmbito das linguagens é em relação à música. Estudos no campo da neurociência revelam que a música mobiliza diferentes áreas do cérebro, o que favorece o desenvolvimento cognitivo da criança, além de proporcionar outros benefícios. Mas, para que isso ocorra, é necessário que tenhamos consciência de um trabalho com música. Não se trata de expô-las em contato com um ritmo, um gênero, ou com as músicas "chiclete", repetitivas. A busca deve ser orientada pela qualidade e com o intuito de estimular a capacidade de escuta da música, em que sejam considerados critérios como qualidade do som, a letra, o sentimento que faz aflorar.

Eu trabalhei muito com música clássica com criança. No começo era mais complicado, pois não havia tanta familiaridade com aquelas sonoridades. Mas lembro-me de um dia em que estava uma chuva forte, e um menino falou: "Não está na hora de você colocar aquela música?". Perguntei de qual música ele estava falando. "Aquela que faz a gente pensar." A experiência de fruir a partir de um som. A música também retrata o ambiente. Músicas com andamentos mais rápidos também são bem-vindas. Porque envolvem o movimento do corpo, que é um fator decisivo: o movimento do próprio corpo, o movimento com o corpo do outro. Quando a professora põe duas crianças para interagirem no movimento, isso é uma descoberta para elas. Eu trabalhava com um material chamado de parques sonoros, no qual as crianças entram no espaço e constroem sons. Trabalhar com o som do corpo, das panelas, dos objetos à volta.

Outra linguagem muito importante é a da literatura. Geralmente, nós ficamos muito preocupados com as linguagens oral e escrita e não damos tanta ênfase à leitura. A literatura é um espaço de múltiplas descobertas, no qual a criança pode estimular o seu imaginário e vivenciar situações que ela gostaria de identificar na relação com o cotidiano.

Quando uma criança nos pede para contar repetidas vezes a mesma história, na verdade, ela está manifestando um desejo de identificar o sentimento que a história desperta nela. Esse é um movimento de apropriação, de interiorização. Além de a literatura ser um instrumento essencial para a formação dos leitores.

Para traduzir essa visão em atos do cotidiano, o educador da infância precisa de planejamento, em que ele possa estabelecer rotinas. O termo "rotina", nesse caso, não se refere a um roteiro engessado. Refiro-me a uma rotina viva, em que a criança possa fruir suas experiências, refletir sobre os momentos vivenciados. Nesse sentido, o planejamento deve contemplar a proposta das atividades, o contato com o espaço, as rodas de conversa, a avaliação ao final do dia e a análise do que pode ser feito em termos de inovação.

O período de educação infantil é repleto de descobertas: da língua, da interação, dos sons, dos objetos. Eu, particularmente, adoro levar as crianças a museus. Fico admirada com a riqueza das perguntas, das observações sobre as obras artísticas, que não são feitas racionalmente, como nós adultos fazemos. Elas perguntam "por que está faltando isso?", "o que está acontecendo aqui?". Essa curiosidade infantil, se bem aproveitada, amplia o pensamento. A curiosidade infantil não pode ser tolhida. Se houver uma pergunta, o educador pode até não responder, mas é recomendável envolver todos na reflexão: "o que nós achamos?", "como vocês acham que aconteceu?". Do contrário, vai-se tirando do indivíduo essa característica e o processo criativo se restringe.

  O educador precisa ter os seus eixos estruturantes de organização do pensamento. Quando ele inicia a sua produção, precisa ir organizando as perguntas que as crianças fazem, o que vem na sequência, qual o encaminhamento que ele dá. Isso não é feito empiricamente, mas a partir de um registro, de um acompanhamento, de uma documentação. Eu venho trabalhando muito com fotografia. Como é enriquecedor fotografar a descoberta da criança que ficou duas horas mexendo em uma caixa. Primeiro, ela tateou o objeto, depois entrou na caixa, se movimentou lá dentro, arrastou a caixa para outro lugar. Essa sequência é uma aprendizagem, mas se o educador não tiver esse olhar, vai banalizar esse processo. Hoje tenho um acervo de fotos de descobertas das crianças, e várias delas captaram aquele momento "eureca". É muito gratificante ver de onde aquela criança partiu e aonde chegou.

VI

O que é aprender?

Desinventar objetos. O pente, por exemplo.
Dar ao pente funções de não pentear.
Até que ele fique à disposição
de ser uma begônia. Ou uma gravanha.
Usar algumas palavras
que ainda não tenham idioma.

"Uma didática da invenção" – Manoel de Barros

Aprender é aprender a pensar. Essa formulação traz a ideia da centralidade do indivíduo nos processos de aprendizagem. O que significa isso para crianças pequenas? Significa romper uma lógica da repetição, da mesmice, de uma educação reprodutora, transmissora, ainda muito presente nos espaços de educação infantil.

Pois bem, como aprender a pensar? A partir da pergunta. Defendo com veemência o trabalho com projetos com crianças, desde muito pequenas. A criança, de zero a 2 anos, vai se descobrindo no seu corpo, ela começa a enxergar possibilidades e vira exploradora do mundo, das coisas que estão à sua volta. Ela começa a investigar, ser mais detalhista. A criança passa por essas fases. Quanto mais oportunidades ela tiver para explorar, mais ela será uma investigadora. Hoje queremos formar pessoas que investiguem, que questionem, que busquem novos caminhos, novas propostas, novas possibilidades.

Se queremos que as crianças explorem o mundo, essa curiosidade precisa ser estimulada. O aprender a pensar concentra o aprender a perguntar, o aprender a investigar, o aprender a procurar. A criança nasce investigativa nas relações com as pessoas, nas interações com os objetos, nas observações do ambiente que a cerca.

O educador será um facilitador para que essa curiosidade aflore, em vez de fazer o movimento contrário de apresentar as coisas, de afirmar uma visão, de restringir a um jeito único de fazer.

O grande desafio do educador infantil é ser um grande pesquisador das curiosidades infantis, de valorizar a riqueza das perguntas das crianças, que não estão categorizadas por áreas de conhecimento. A criança jamais vai falar "vou fazer uma pergunta sobre geografia". Não. Ela trará algo de um universo concreto, de uma experiência vivida.

Para lidar com isso, o profissional precisa ter a capacidade de olhar a potência que essas crianças carregam e o interesse genuíno que elas têm pelas coisas do mundo. É nesse ponto que o trabalho com projetos se revela tão rico, pois se baseia numa metodologia ativa. Não pode ser verticalizado, num modelo em que o professor decide "para a classe A vai ser o projeto tal e à classe B, esse outro". Essa investigação precisa acontecer junto com as crianças.

De que forma? As rodas de conversa, por exemplo, são ocasiões em que diversos interesses das crianças aparecem. Cabe ao educador mediar com esse grupo a eleição de qual projeto será trabalhado. Quando comecei a trabalhar com projetos, confesso que eu tinha uma ansiedade grande em selecionar o tema. Qualquer coisa que a criança falasse, eu já estabelecia "então, o tema é este". Depois, processualmente, na experiência do diálogo com as crianças, eu identifiquei que existem diferentes temas que podem ser trabalhados, inclusive em pequenos grupos.

E aí vem outro desafio do educador da infância: fazer com que as crianças trabalhem em duplas, em pequenos grupos e em grandes grupos. Esse tipo de proposta facilita a percepção das crianças quanto à importância do trabalho coletivo. Trata-se de um exercício que contribui para o ser humano perceber-se como parte de um todo.

Em Portugal, um projeto com crianças de 4 e 5 anos discutia guerra e paz. Uma criança falou "o mundo vive em guerra". A professora levantou o questionamento: "O mundo vive em guerra? Todos os países vivem em guerra?". Outra respondeu: "Não. Só alguns". E a conversa foi fluindo: "E o que é viver em guerra?". A partir daí, foram investigar e fizeram um projeto. A narrativa das crianças foi sempre no sentido de identificar os motivos que geram uma relação de divergência e afastamento entre as pessoas. Essa foi a fase de pesquisa, depois elas foram para os livros, para os museus, fizeram entrevista nas ruas. Essa é uma escola ativa, que faz pergunta. E tal trabalho é de notável importância para a formação das crianças, pois aborda a dimensão ética, a questão da convivência entre seres humanos.

Um livro interessante nessa linha é *As crianças e a revolução da diversidade*, de Aldo Fortunati e Barbara Pagni (Buqui, 2019), que aborda o protagonismo das crianças na educação, a partir de uma pedagogia de pesquisa, que propõe que elas estejam o tempo todo investigando.

Pensar no trabalho criativo com crianças é pensar em espaço. Não em termos de sofisticação, de disponibilidade de múltiplos materiais. É pensar num espaço onde a criança possa interagir, ser criadora, trazer suas hipóteses, revelar seu pensamento, testar novas ideias.

Eu defendo com veemência a presença da natureza nos espaços de educação infantil. No geral, as escolas da infância estão ficando muito semelhantes às escolas do ensino fundamental, que também estão equivocadas com a ideia do confinamento em sala de aula. Hoje, mais do que nunca, nós estamos descobrindo a necessidade de uma retomada à natureza, com espaços físicos que permitam a interação com a terra, com a água. Sem poder se movimentar e privadas do contato com esses elementos, as descobertas ficam restritas aos materiais didáticos.

Crianças com *tablets* nas mãos, vendo imagens na dimensão da tela, sem olhar um jardim, uma planta, o florescimento, equivale a não olhar a vida. A nossa arquitetura tem muitas denúncias sobre essa questão do confinamento, que é muito inspirada em presídio e hospital. Há ainda aqueles que querem que as crianças fiquem duas, três horas sentadas para fazer exercícios. Na realidade, quanto mais a criança trabalhar a corporeidade dela, a interação com os outros amigos, mais ela desenvolve suas competências relacionais e cognitivas. Basta pensarmos: qual a diferença entre um bebê que fica dentro de um berço e outro que fica em colchonetes no espaço aberto em contato com outros bebês? O que se desenvolve num lugar e o que se desenvolve no outro? Aquele que fica no berço verá grades o tempo todo. Será alguém construído numa experiência sensorial de menor amplitude.

A presença das tecnologias também se mostra um grande desafio. Não adianta ter resistência em trabalhar com as novas ferramentas. Ao contrário, é preciso apropriar-se dos recursos que elas oferecem. O cuidado está em discernir que a tecnologia é uma das ferramentas para a aprendizagem, mas não a única. As crianças, por sua vez, devem perceber que é possível aprender de diferentes formas, que existem outras linguagens que podem acessar.

Hoje, muitas crianças ficam em tempo integral na escola na educação da infância. Isso exige que repensemos os tempos das atividades – e também da ausência de atividades. Colocá-las o tempo todo numa sequência de tarefas preestabelecidas as impede de fruir os momentos de ócio, de observação, de introspecção. Eu penso que a criança precisa ter momentos para não fazer nada, para ficar quietinha no canto dela. Porque esse é o momento da criação humana. Permanecer em ação o tempo todo, com o piloto automático ligado, reduz o tempo de pensar, de criar.

Cabe agregar nessa reflexão a questão do corpo da criança, que está em processo de constituição. De acordo com o médico e psicólogo francês Henri Wallon (1879-1962), o corpo da criança demonstra as reações a tudo que a afeta interna ou externamente. O corpo físico exprime emoções. Esses planos estão interligados. Infelizmente, nós tivemos uma formação muitas vezes dicotomizando essas dimensões, como se pensar fosse dissociado do corpo e dos afetos. Essa construção acontece de modo simultâneo e integrado. Daí a importância da brincadeira na infância, das brincadeiras heurísticas, com objetos que promovam descobertas, compreensões. Do jogo simbólico, em que acontece a representação de algo que a criança acredita que está acontecendo de fato. Quando a criança serve um cafezinho numa tampinha de plástico, ela manifesta uma situação que gostaria de viver. E chega a sentir cheiro. Se "derramar", ela vai reagir àquele "acontecimento".

O psicólogo, nascido no que hoje é a Bielorrússia, Lev Vygotsky (1896-1934) fala da importância desse faz de conta para o desenvolvimento cognitivo da criança, em que as representações do cotidiano, com uma lógica, com regras, também abrem múltiplas possibilidades de reinventar esse cotidiano. Ao dar banho numa boneca, a criança pensa sobre o vivido. Isso é aprender a pensar, porque quanto mais a criança vivencia essas experiências, mais ela pensa sobre a cotidianidade.

Devemos considerar também que a escola da infância é o espaço de convivência de criança com criança. E o que uma criança ensina para outra é muito diferente do que um adulto ensina para a criança. A linguagem infantil tem códigos próprios, manifestações específicas. São as formas com as quais as crianças vão constituindo sentido naquilo que fazem.

Certa vez, num dos trabalhos de acompanhamento numa escola de educação infantil, eu filmei um menino de 2 anos tentando calçar um tênis, auxiliado por cinco colegas. Eles ficaram uns 40 minutos interagindo, um explicando para o outro como deveria ser aquela ação. Eles foram trocando ideias, até que o menino conseguiu o seu intento. Ao final, ele sorriu ao conseguir realizar aquilo que queria. Se o educador entende esse movimento, percebe que as coisas não são mecanizadas, elas são construídas na interação com os objetos de conhecimento e com o outro.

Uma das experiências mais gratificantes na documentação do educador é observar esse momento em que as crianças conseguem dialogar entre si, umas ensinando as outras, como ensinantes e aprendentes, como aprendentes e ensinantes. Essa é a verdadeira relação de aprendizagem.

VII

Currículo emergente

Onde está o menino que fui,
segue dentro de mim ou se foi?

Livro das perguntas – Pablo Neruda

A proposta pedagógica para a infância deve estar centrada no currículo emergente. O que significa isso? Aquele que emerge da relação com as crianças. A investigação das necessidades infantis permeando todo o trabalho.

Grande parte dos trabalhos nossos é muito mais a revelação do adulto pensando sobre essa criança, em vez de o adulto com o olhar direcionado para entender a potencialidade que a criança tem – que deveria ser a lógica a prevalecer. Neste sentido, o currículo da escola da infância deve valorizar as interações das crianças com os adultos e com seus pares, implicando na perspectiva de uma educação democrática que respeite e considere os saberes de toda a comunidade educativa.

Às vezes, o professor já vem para a escola com um modelo de criança e com um modelo de desenvolvimento e de aprendizagem e tenta encaixá-los. Vale sempre reforçar: é de fundamental importância que o educador valorize o pensamento infantil. Que esteja atento às hipóteses que as crianças levantam, que faça perguntas que estimulem conexões, que deixe os processos de descoberta fluírem. Olhar a criança sem o engessamento de um padrão, seja de desenvolvimento, seja de faixa etária. O modelo de aferir se a criança "correspondeu" a uma determinada atividade, por exemplo, se pintou o desenho com a cor pedida, está cada vez mais desconectado do mundo atual. O trabalho pedagógico se estabelece na realização das potencialidades que as crianças trazem a partir das relações que criam com o mundo.

Diante das possibilidades de produção, não existe um tipo de observação e de abordagem que seja o mais adequado. Há, sim, uma abertura para pensar, por exemplo, a corporeidade. A descrição do corpo na educação da infância precisa ser muito pensada, porque muitas vezes o foco está direcionado à cabeça – no ensino fundamental, mais ainda. O corpo expressa mensagens. Precisamos captar o que o corpo explica, o que revela, o que indica? Quem trabalha com criança pequena deve ter sensibilidade para entender gesto, sorriso, choro. Afinal, não existe um padrão, mas a intenção de aprofundar as narrativas das crianças, o resgate da comunicação, o que ela está informando, o que está pensando.

O professor da infância lida com a subjetividade, com as representações que as crianças têm, com os modos de ser, com a aproximação, que nunca é neutra. Temos uma intervenção e precisamos observar que intervenção é essa – e com que abordagem a fazemos.

Precisamos construir uma pedagogia da infância que não esteja centrada em uma área, mas que articule conhecimentos de vários campos, como psicologia, sociologia, filosofia. Hoje falamos sobre a filosofia para crianças, como trabalhar o pensamento, o diálogo, a pergunta. Bem como com a antropologia, que trata da cultura, das raízes, das origens.

Certa vez, eu tive contato com um grupo de uma aldeia indígena de Pernambuco que me mostrou o projeto pedagógico com as crianças. Era muito evidente que tudo o que faziam tinha uma intencionalidade, sem desconsiderar as hipóteses infantis, a espontaneidade, o ineditismo que surgem no cotidiano dessa relação. Eles acreditam que é dessa forma que a cultura deles vai ser preservada, que as crianças vão conseguir constituir conhecimento. Essa é uma discussão que os indígenas conseguem fazer e que nós, muitas vezes, ficamos condicionados a propostas muito engessadas, nem sempre conectadas às necessidades de cada território, de cada comunidade. Precisamos olhar para esse processo, para essa diversidade, com disponibilidade para mudanças a cada contexto então colocado.

Cabe reforçar: não existe um padrão, nem de desenvolvimento, nem de cultura, nem de forma de ver o mundo. Existem diversidades. E as bases epistemológicas apontam cada vez mais para olhar essa diversidade. Diferentes infâncias, diferentes concepções, interações, projetos de sociedade. Precisamos ter muito cuidado nesse processo e não ficarmos atados à visão adultocêntrica, que muitas vezes prevalece e na qual o adulto é a grande referência.

Essa visão adultocêntrica até hoje está presente em alguns espaços, com um adulto definindo os processos. Um segundo aspecto é superar a ideia também do centralismo, do preconceito de que a criança não é capaz. Historicamente, isso está ligado à ideia de criança como alguém que precisa aprender a ser, "ela será", "ela não é". Avançaremos se formos capazes de superar essa interpretação de limites. A ênfase é, muitas vezes, colocada naquilo que falta em uma criança, quando deveria ser na observação do que existe nela, do que ela tem apreendido. O terceiro ponto é ultrapassarmos a ideia de uniformidade, de percebermos que existe uma diversidade de experiências. As crianças são diversas, e a compreensão do coletivo é importante para trabalharmos essa dimensão maior e termos sensibilidade para compreendermos diferentes contextos de vida. Desse modo, não devemos, em hipótese nenhuma, ter um pensamento uniformizador, seja do ponto de vista social, político, econômico, de desenvolvimento.

Outro ponto relevante é com que foco colocamos nossa observação na criança. Porque, dependendo do foco com o qual entendo a criança, eu faço escolhas. Se eu olho a criança de modo epistemologicamente mais mecanizado, com uma organização prévia, independentemente da participação dela, as minhas escolhas pedagógicas ficam muito dirigidas, voltadas para uma pedagogia de reprodução, de resultados, de correspondência às expectativas dos adultos.

E onde ficam as expectativas das crianças? Elas têm expectativas. Às vezes, por falta de observação, pelo modo como fazemos a mediação das falas ou como analisamos comportamentos, corremos o risco de não percebermos as necessidades e os desejos das crianças. Obviamente a criança não vai dizer: "você vai fazer isso comigo". Mas se mantivermos o olhar investigativo, muitas vezes a criança vai sinalizar qual é a proposta mais adequada àquela situação. A criança sempre dá pistas, é questão de estarmos atentos a elas.

As bases epistemológicas nos ajudam a perceber os fundamentos para pensarmos sobre o desenho, os brinquedos, as atividades lúdicas, as relações culturais, os espaços. Não basta ter hoje uma gama de jogos se o professor ou a professora não perceber a interação que essa criança tem com os jogos. Não se trata apenas de entregar os jogos, mas de como fazemos a nossa observação, a nossa aproximação, como identificamos o modo de ser das crianças.

As pesquisas falam muito do repertório, do raciocínio, mas, para se poder conhecer a criança, é necessário discutir tudo: desenho, brinquedos, jogos, todas as circunstâncias em que a criança é coparticipante. Por isso a aplicação das múltiplas linguagens tem função-chave nesse processo. Ao desenhar, a criança manifesta sentimentos, relações, é uma expressão. Não se trabalha desenho apenas para a criança desenvolver habilidade nos traços, é muito mais do que isso. Assim como o brinquedo é uma extensão da criança, principalmente no jogo simbólico, em que ela atribui a esse objeto uma série de características. A forma como a criança sai do jogo simbólico, vai para o jogo de construção, depois chega ao jogo das regras – há toda uma lógica nesse percurso.

Nós falamos muito da humanização do adulto, porém, ele já construiu uma lógica e uma relação com seu corpo, com seu espaço, com seu ambiente. Não estou dizendo que é impossível, sempre é possível estar aberto para a aprendizagem, mas hoje pesquisas nos mostram que, se isso acontecer nos primeiros anos de vida, forma-se uma arquitetura do cérebro. Por isso é importante que o educador da infância saiba que ele está deixando marcas na humanidade da próxima geração. Isso não é uma retórica. Quer uma contribuição maior do que formar um ser humano mais humanizado, mais sensibilizado?

VIII

A riqueza das trocas

No descomeço era o verbo.
Só depois é que veio o delírio do verbo.
O delírio do verbo estava no começo, lá onde a criança diz:
Eu escuto a cor dos passarinhos.
A criança não sabe que o verbo escutar não funciona para cor, mas para som.
Então se a criança muda a função de um verbo, ele delira.
E pois.
Em poesia que é voz de poeta, que é a voz de fazer nascimentos – O verbo tem que pegar delírio.

"Uma didática da invenção" – Manoel de Barros

A cada conversa que tenho com as crianças, mais me certifico de que é na relação que a dimensão humana alcança sua plenitude. Embora existam origens distintas, infâncias diferentes, famílias com formas diversas de organização, é na troca que a riqueza se estabelece. Esse é um momento de descoberta para a criança, mas o é também para o professor, pois é nesse exercício relacional que se pode vislumbrar formas de interação além daquelas que ele já conhece.

A escola da infância é a escola da construção da identidade. Dependendo da natureza das experiências que a criança vive, esse período pode contribuir decisivamente para a construção da identidade. É uma fase em que o educador vai fazendo múltiplas descobertas, desenvolve sua sensibilidade, sua capacidade de escuta, seu poder de análise. E esse fenômeno será tão mais rico quanto maior for a disponibilidade de estar aberto a essa experiência, a aumentar o próprio repertório e o das crianças.

A propósito, o professor da infância tem de ser um leitor. Ele precisa trazer um repertório de literatura, um repertório de imagens, senão ele não conseguirá ampliar o repertório das crianças. Como você vai inspirar uma criança a soltar a imaginação numa pintura se estiver atrelado a um modelo, a uma referência, a uma prática?

As linguagens geradoras de vida são múltiplas. A linguagem da palavra, do som, da emoção. A oralidade, por exemplo, é uma forma narrativa que os povos trazem ao longo da história da humanidade. As crianças estão falando menos. Por quê? Porque a profusão de imagens e os estímulos visuais ficaram mais intensos nas últimas décadas, com a presença massiva de algumas tecnologias no dia a dia. Claro que a imagem é importante, mas tudo isso precisa ser mediado. Defendo que todos os sentidos devem ser estimulados.

Evidentemente, o olhar é muito importante, um bebê circula o olhar para descobrir o ambiente, e esse movimento, diria, é mágico. Mas o tato e o olfato para a criança são também fundamentais. Não só pelo sentido em si, mas porque muitas vezes o sentido é o ponto de partida para o estabelecimento de relações com coisas correlacionadas. Por exemplo, a lancheira para uma criança pequena é uma espécie de símbolo de empoderamento. Certa vez, uma menina chegou à escola sem a lancheira.

Na porta, quando ela me viu, me lançou um olhar de desespero e falou: "Eu fiz xixi na calça". Ela estava me dizendo algo com aquilo. E eu tive de fazer um trabalho com a família dela, e descobrimos ter a ver com ansiedade. O controle dos esfíncteres tem marca para a vida inteira. O presente pode marcar o futuro. Quantas coisas, nós, adultos, emocionalmente, trazemos da infância? A timidez ou o egocentrismo "eu sou", "eu quero", "eu faço".

Houve uma ocasião em que foi montada uma peça de teatro, e um menino de 4 anos foi colocado para fazer o papel de árvore. Porque, como era mais tímido, ele ficava de pé e não precisava falar. Não estou dizendo que esse menino precisasse ser o protagonista do espetáculo, mas ele tinha o direito de viver outros papéis.

Nesse momento, o professor precisa ter esse atributo de estimulador, de articulador, de ser investigador dessa potência. E você vai descobrindo outras coisas que ele tem, mas, para isso, é preciso investigar.

Quem é mais participativo nas brincadeiras? Quem propõe como as coisas vão acontecer? As lideranças logo cedo se apresentam e os mais introvertidos também são facilmente identificáveis. Como eu, professora, trabalho isso? Por isso eu falei que a observação é fundamental. Eu, Emilia, não sou de interferir em brincadeira infantil, mas quando eu entrava na dinâmica, sempre tentava olhar aquele que nunca foi olhado pelo grupo. Todo mundo tinha falado, sempre havia um mais quieto e se acostumavam com isso.

Vale ressaltar que, apesar de haver uma inclinação por conta do perfil, esses comportamentos não são um "carimbo" de "esse é assim", "aquela é daquele jeito"... Existem alunos mais calados na sala de aula, mas que num jogo de bola ou numa atividade musical eram líderes. Por isso a cultura infantil precisa ser estudada, porque os contextos são os mais variados. Não é só no contexto de controle, em cima de uma atividade específica, é a partir da relação que a criança estabelece com as coisas, com seus objetos, da forma como divide, como organiza. As pessoas têm formas próprias. É preciso reconhecer as singularidades. Insisto em como as brincadeiras e os jogos podem ser muito reveladores.

Para que se possa fazer uma reflexão sobre uma criança, é necessário ter vivido muitas cenas de relações com ela, em diferentes lugares, em situações variadas, que vão revelando facetas dessa criança. Daí a importância do registro.

Qual é a forma mais absurda de tratar uma criança? Fazer que ela não seja percebida naquele espaço. Ignorar a sua fala, o seu gesto, as reações. Isso é uma violência profunda, equivale a assumir que "você não existe". Eu digo que em toda sala tem uma ou mais crianças que nunca foram olhadas com olhos de quem as olhou como únicas. E elas vão carregar isso. O ser humano precisa do outro para poder se entender como ser humano. É na relação com o outro que o indivíduo se descobre também. Quando eu me relaciono, abro espaço para o meu próprio desenvolvimento.

E asseguro que essa não é uma visão romantizada. Porque certamente aparecerão situações desafiadoras, desconcertantes, incômodas. Nem sempre saberemos endereçar as questões.

Certa vez, uma aluna minha da graduação de Pedagogia trouxe para a discussão uma cena interessante que tinha vivido com as crianças na sua turma. As crianças estavam brincando de matar uma aranha imaginária. "Onde está a aranha?" E um menino bateu nela. Na hora, ela disse: "Não gostei". E o menino argumentou: "Mas você disse que era para bater na aranha e a aranha estava em você". Ela perguntou: "Mas é certo, se a aranha está na pessoa, bater na pessoa?". Ela conta que a reação do menino foi cair no choro. Ela ficou num impasse e trouxe o caso para a reflexão. Ela perguntou se a atitude dela havia sido inadequada. E nós fomos para o debate "é adequado uma criança bater?". O choro desse menino é uma manifestação difícil de descobrir, em termos psicológicos, porque ele não vai verbalizar a motivação que teve. Uma hipótese levantada é de que a interação dele com ela poderia ter algum entrave. Aquele gesto pode ter sido um pretexto para extravasar um sentimento naquele momento ou um desejo de se aproximar da professora. A resposta possivelmente só virá com a observação ao longo do tempo. Há diferentes compreensões sobre o fato. O importante é perceber como a relação vai se desdobrar, se ele se distancia, se aproxima, se houve outras reações, se isso se repete com outras crianças. Entender o episódio como uma pista a ser investigada. Com esse exercício, o educador começa a ser, de fato, um pesquisador no desenvolvimento das crianças, naquele contexto das experiências vividas com elas.

É preciso fazer uma leitura da vida da criança. Às vezes, a manifestação agressiva é um modo de sobrevivência no ambiente fora da escola, e ela acaba reproduzindo em sala de aula. As manifestações não são isoladas de um contexto emocional, relacional. Portanto, existe algo que ela está mostrando.

Comportamentos agressivos, por exemplo, podem ser resultantes de experiências vividas. Algumas que vêm de contextos de violência desenvolvem atitudes de sobrevivência e, por isso, se posicionam de maneira mais incisiva nos grupos. A agressão, portanto, é a linguagem com qual ela trabalha. Às vezes, o professor se estressa porque também não construiu com a criança o compromisso de pensar sobre determinados aspectos. Isso dá trabalho, implica muita dedicação para investigar o que está acontecendo.

A agressividade pode ser um mecanismo de defesa importante para a criança. A agressão não é para ser tirada do nosso cenário. É difícil pensar sobre isso, mas as crianças precisam manifestar o conflito.

Venho observando que, ao longo dos anos, os pais têm sido mais permissivos – e os professores também. Claro que não estou falando de punir a criança, mas de pontuar o que está sendo feito. O educador deve se manifestar com argumentos, de um modo que leve a criança a pensar sobre o que fez e perceber que seus atos têm consequências e um impacto sobre o outro.

Na minha experiência como educadora infantil, eu nunca fui taxativa: "Não pode bater no outro". A minha abordagem sempre foi pela pergunta: "O que aconteceu? Conta para mim". Enquanto a criança se explicava, eu lançava outros questionamentos: "Será que precisava bater para poder falar isso com o outro?". A pergunta vai estimular a criança a pensar sobre o que fez. "Eu queria sentar aqui e ele não deixou". Ela começa a perceber que o motivo não justifica ter agido daquela forma. "Mas por que você queria sentar aqui?" Mesmo que parassem de responder, ela ia pensando sobre o ocorrido. Como educadores da infância, nós estamos trabalhando com o momento em que as crianças estão construindo todas essas referências de estrutura ética, moral, e começam a se organizar.

Eu acredito muito no investimento emocional dessa fase. Essa discussão é de vital importância, a relação com o outro afeta o outro e a si próprio, porque desperta sentimentos. As crianças precisam entender o que é sentir. Afinal, o sentimento é mágico.

IX

Escola da infância

Fazer amigos, educar-se, ser feliz.
É por aqui que podemos começar a melhorar o mundo.

Paulo Freire

Uma pergunta feita com bastante frequência por pais quando procuram uma escola de infância para os filhos é "que tipo de atividade a escola realiza?". Apesar de o questionamento ser válido, não deveria ser o ponto central para a tomada de decisão. Não é a atividade que justifica a presença da criança naquele lugar. Na minha visão, a formulação mais interessante seria "que vida a criança terá nesse espaço?". Porque o tipo de vivência é o que mais enriquece a experiência humana. A escola da infância tem de ser uma escola da vida, para que a criança possa viver "e não ter a vergonha de ser feliz", como bem cantou Gonzaguinha (1945-1991). É uma escola que deve ter a magia, o encantamento propiciados por profissionais que acreditam que é possível – sempre é possível – tornar a vida melhor. O que marca a vida de um ser humano é ele acreditar nas possibilidades que tem. Se as crianças não tiverem essa percepção como horizonte, a vida fica chata, repetitiva, monótona, mecanizada.

Vejo matérias em revistas sobre "que características você tem de procurar em uma escola". Eu sempre falo que a característica que os pais devem procurar numa escola é irem com a criança e ver como ela interage com aquele ambiente. Porque ela tem mais referência do que o adulto. Claro que ela pode se encantar com um brinquedo ou com um lugar específico da escola, e isso não é um critério de decisão. Mas é uma pista, e o papel do adulto é mediar aquilo que observa, além de entender os interesses e as necessidades que vão surgindo na interação da criança. Até que ponto aquilo foi um estímulo momentâneo e até que ponto foi algo que realmente tocou aquela criança.

Eu considero que tem havido uma supervalorização dos materiais em detrimento da experiência que a criança possa ter no ambiente escolar. Não só por parte dos pais, mas por vários segmentos da educação.

Já vi professora recém-aprovada em concurso chegar à escola da infância e logo de cara perguntar pela lousa. Para quê? A lousa pode até ser usada para as crianças explorarem com giz. Para marcarem uma rotina, para uma comunicação coletiva de suas experiências, e não como forma de "dar conteúdos". Existem outros suportes de informação, comunicação e expressão infantil, como murais, paredes, instalações e azulejos. Quando eu tive uma escola de infância, instalei um painel de azulejos. As crianças pintavam de manhã e à tarde jogavam a mangueira para criar espaço para novas produções. No outro dia, faziam outros desenhos. Olha que coisa maravilhosa! Eu percebi que a alegria delas não estava só no fazer, mas também no desmanchar. Criança gosta de ver como é que desconstrói. Assim como quando faz um castelo de areia e depois derruba tudo com o pé ou empilha caixas de papel. Ela fica horas fazendo aquilo. Desconstruir para saber o que tem dentro, remontar, fazer de outro jeito, saber do que é feito são traços da curiosidade infantil.

Certa vez eu fui a uma cidade com recursos financeiros escassos, e o secretário de educação me falou: "Agora nós vamos fazer a escola dos sonhos. Eu comprei um monte de cadeirinhas para as crianças". Não havia cadeirinhas suficientes para colocar na sala de aula e na área externa. Claro que a aquisição desse mobiliário foi uma melhora. Mas não era a cadeirinha o grande instrumento de trabalho pedagógico. Afinal, por que uma escola da infância precisa ter tanta cadeirinha? Eu, particularmente, considero que a criança precisa ficar o mínimo de tempo sentada.

Aprecio muito mais um local que ofereça possibilidade de contato com água, terra e vegetações. Porque nesse ambiente a criança encontra espaço, especialmente nos tempos atuais, em que ficam muito tempo confinadas. Esse é um critério para escolher uma escola. Lugar onde a criança possa se expressar no movimento. O sociólogo e educador espanhol Miguel Arroyo tem um livro lindo, chamado *Corpo infância* (Vozes, 2012), em que alerta sobre como os corpos estão sendo esquecidos. Eu concordo muito com essa advertência. Não estamos dando a devida atenção ao corpo e, nessa era digital, isso pode se agravar, com reflexos como dores de coluna (muitos problemas na cervical, por causa do pescoço sempre inclinado para ver telas), nos ombros caídos, na dificuldade de concentração e obesidade. Também em nós, adultos.

Noto que muitas vezes parece haver uma obsessão pelo tipo de material, ao passo que uma criança é capaz de se entreter e criar coisas com uma simples folha de papel crepom. Há uma sequência de fotos tiradas pelo Sebastião Salgado que mostra crianças de Portugal numa escola muito sofisticada e um menino no agreste brasileiro fazendo um joguinho com ossos de animais. Não se trata de dizer que um é melhor que o outro. São aprendizagens que se constituem em realidades distintas e ambas podem funcionar.

Uma educação da infância precisa ter uma proposta pedagógica inspiradora, muito focada nas necessidades infantis, ao mesmo tempo que contempla as interações adultos-crianças-pares. Isso dá todo o tom da relação. A escola é um espaço com um rol de hipóteses, de observações, e, se o professor vier com uma instrução programada, ele tira essa possibilidade dialógica, que não se dá somente pela fala, mas também pelo gesto, pela expressão facial, pelo toque. Reconheço que não é um movimento simples de ser feito, porque quando se pensa em escola, geralmente se pensa em estruturação. Nós precisamos conceber uma escola da infância como um espaço de descobertas.

Por isso, reitero que o educador da infância investigue os temas que as crianças querem, em vez de deduzir ou decidir um tema. Porque as crianças vão dando indicações de coisas que elas querem descobrir. Elas fazem perguntas muito inteligentes, e o registro na infância, como já falamos, é uma ferramenta que ajuda muito nesse sentido. Infância não é para ser avaliada por instrumentos como testes.

Trabalhar com projetos é uma das formas de promover esse desenvolvimento. Desde muito pequenas, as crianças têm curiosidade, que, muitas vezes, na vida adulta vai se perdendo, o que é uma pena.

Anos atrás, uma escola me chamou para dar um curso sobre projetos. Contaram que já tinham alguma experiência com projetos e haviam lido vários fundamentos sobre o tema. Eu pedi que me mostrassem uma cena de algum trabalho com projeto para entender como era na prática. Uma professora trouxe um vídeo da construção de um terrário. Ela havia colocado as crianças sentadas em círculo, que a assistiam mexer na terra, plantar, explicar o que estava fazendo. E a garotada só observando. No final, tinha criança dormindo. Conclusão: a professora tinha feito um terrário dela e as crianças nem encostaram as mãos na terra, não tiveram a experiência sensorial, não sentiram aquela emoção. Apenas assistiram a uma atividade que ganhou um caráter aleatório.

Aliás, ouvir o que a criança diz pode ser útil até para a gestão na escola. Quando eu trabalhei com creches, reuni cenas da infância feitas pelas crianças. Certa feita, eu pedi para as crianças desenharem "um momento na creche". E um menino desenhou um lava-rápido. Eu perguntei para ele: "O que é isso?". Ele respondeu: "A hora do banho". A partir da denúncia daquela criança, eu reorganizei todo o banho da creche.

Costumo brincar que quem atua na escola da infância precisa saber que a família vem junto "no pacote". E é bom que seja assim, não pode ser separado. Porque as crianças chegam com uma história anterior. Mesmo os bebês vêm já com uma história carregada de sentimentos. E a escola da infância tem de aprender a lidar com isso. Em muitas escolas os pais entram, levam a criança até o espaço. Essa conexão precisa ocorrer, porque não é uma mera transição, é uma interação humana representativa. A escola da infância precisa ser uma escola da família mesmo.

Nós, educadores da infância, entretanto, não podemos pensar nas famílias a partir de uma ótica idealizada, de um estereótipo de família. Nós precisamos pensar em escolas, crianças e famílias concretas. O que significa isso? Uma família concreta é aquela que se apresenta dentro da estrutura de organização dela. Eu não posso idealizar isso e muito menos chamá-las de desestruturadas. Elas são estruturadas de outra forma. Não devemos esquecer que 45% dos lares brasileiros hoje são chefiados por mulheres. Nós temos atualmente uma organização de famílias nas quais, muitas vezes, são os avós que cuidam das crianças. Assim como existem famílias homoafetivas, com dois pais ou duas mães, ou monoparental, só uma mãe ou só um pai presente. E o professor provavelmente vai se deparar com situações de preconceito de outros pais que não querem que o filho brinque, se relacione, vá para a casa de um colega que vive numa família com um modelo diferente do tradicional. Mas não podemos perder de vista que a riqueza da escola é a diversidade. É saber que existe outro jeito de olhar o mundo, que não apenas o de si próprio. Quando o professor da infância envolve os pais nessa questão de trabalhar com as crianças – e essa deve ser uma tarefa de reflexão coletiva –, de formar um ser humano com um olhar de empatia, de troca, de respeito. Isso só se constrói na relação.

Todas essas variáveis devem ser assimiladas pela educação infantil. Os adultos precisam ser chamados para o diálogo. É com eles que nós vamos trabalhar essa relação de construção, de valorização da infância.

Precisamos olhar a família como uma categoria social com múltiplas formas de ser. Para poder entender inclusive o que essa criança está dizendo. Nós precisamos estar inspirados a abrir cada vez mais espaço para as crianças se formarem como indivíduos muito mais abertos, mais empáticos, mais compreensivos do que nós, que ainda carregamos preconceitos muito profundos.

Temos de trabalhar no sentido de formar um ser humano na sua integralidade.

X

Autônoma, sim.
Autômata, jamais

Tentei não fazer nada na vida
que envergonhasse a criança que fui.

José Saramago

"**É** para copiar?" Confesso que essa é uma das cenas que mais me choca, sobretudo em alunos do sexto, sétimo, oitavo ano (às vezes, até na universidade). Obviamente essa é uma decisão do aluno, mas esse gesto é revelador de uma educação castradora.

Um aspecto central na formação do educador é desenvolver a autonomia das crianças. Não queremos que sejam adestradas, indecisas ou inseguras, nós queremos crianças que saibam fazer escolhas.

Essa formação precisa muito da articulação entre as áreas do conhecimento, não delas fragmentadas. Uma questão decisiva na formação é o entendimento de que o tempo da criança não é o tempo do adulto. Se o educador da infância estiver cheio de expectativas de resultados, com uma lógica de produtividade, ele tenderá a antecipar algumas etapas ou querer fazer pela criança, em vez de com a criança.

A classificação por faixa etária ou por critérios como "quem anda", "quem tira a fralda", "quem fala mais" é muito relativa. Há, por exemplo, crianças de 2 anos que, pelo próprio contexto em que vivem, ganham uma autonomia muito mais rapidamente que outras. E o professor corre o risco de ficar comparando o desenvolvimento das crianças. Qual a criança que andou mais rápido, a que falou primeiro.

A alfabetização é uma questão central na educação infantil. Tem educador que diz: "Nós vamos antecipar, assim não tem problema no ensino fundamental". Não é disso que se trata. O processo de alfabetização passa por uma interação da criança com esse objeto de conhecimento. Na formação dos educadores da infância, eu insisto muito na contação de história, porque se a criança ouvir, sentir a emoção da história, ela vai se tornar potencialmente uma leitora. E de leitora a escritora, porque ler e escrever não são ações separadas. É uma lógica de formação que não é preparatória para um determinado desenvolvimento, mas é a construção da relação com esses saberes num processo de encantamento.

Na educação infantil não existem áreas, disciplinas, são experiências propiciadas por aquele determinado ambiente. Por isso é tão necessário que o profissional seja muito engajado na observação, na interação, na cultura infantil. E com o suporte do registro, porque se ele não documentar, se perde diante de muita coisa que acontece simultaneamente: as narrativas, as falas infantis, as descobertas.

Certa vez, uma aluna de graduação em Pedagogia chegou com a experiência de uma escola que opta por não dividir por faixa etária. Trabalha em todas as faixas juntas até o fundamental 2. Além das resistências que encontra, essa aluna relata que boa parte dos alunos dessa escola é de reprovados em escolas tidas como convencionais. As crianças não são entendidas e, de repente, se veem acolhidas num ambiente, convivem com colegas de diferentes idades, diversas formas de comunicação, têm contato com a pluralidade.

Nós, educadores da infância, precisamos trabalhar melhor essa ideia da diversidade. É na educação infantil que estarão as sementes de uma sociedade mais inclusiva, mais acolhedora das diferenças. Quando uma criança com síndrome de Down, por exemplo, convive em um ambiente inclusivo, tanto ela quanto as demais apresentam um maior desenvolvimento. Acontecem trocas enriquecedoras nesse convívio. É muito bonito observar esse acolhimento.

Eu já vi muitas cenas assim, em que as crianças procuram entender, perceber, identificar aquela condição. Para elas, é uma condição inserida no rol das relações tecidas naquele espaço de convivência. As crianças aprendem com as diferenças que encontram nas outras crianças, aprendem a se comunicar de outra forma, observam outras estratégias para interagirem e aprendem a respeitar o colega com deficiência, incluído em sua turma. Todos ganham com a inclusão.

As práticas solidárias se estabelecem por meio de ações concretas. Um exemplo muito marcante foi relatado por uma professora no Porto, em Portugal: um menino havia quebrado a perna e estava numa cadeira de rodas. Os colegas disputavam quem ia empurrar a cadeira. Claro que tem o fascínio pelo movimento, pela novidade, mas é um princípio importante, pois mostra como lidar com um cadeirante. A escola tem esse papel. Se a professora dissesse "sai daí, você não sabe", ela promoveria distanciamento. A diferença naquela condição não impediu que se criasse uma relação com o menino que estava momentaneamente com aquela necessidade.

O gesto de acolhimento quando um colega chora, quando não está bem, quando está com alguma necessidade não atendida, decorre do respeito à figura do outro. Empatia não se ensina como se fosse uma matéria, ela se constitui na relação, na experiência naquele ambiente. E o estímulo a esse tipo de interação fortalece a percepção do coletivo, que não é uma lógica regida pela visão individualista.

Trabalhar com criança exige muita disponibilidade, interna e externa. Porque dá trabalho. Até fisicamente, pois o educador levanta, senta, pula, corre, e isso tudo nos movimenta. Eu costumo dizer que a coisa mais bonita de se trabalhar com criança é que a gente não envelhece. Claro que não estou me referindo ao aspecto externo, mas ao fato de que as crianças nos tiram do eixo da lógica comum. Elas têm curiosidade, fazem perguntas inusitadas, por vezes desconcertantes. O convívio com crianças nos provoca a pensar em hipóteses além de um pensamento mais cartesiano.

A atitude que uma professora vai tomar diante de uma determinada situação em sala de aula não está em nenhum guia ou manual. Esse é um processo de reflexão, no qual ela precisa ser capaz de identificar as possibilidades, as hipóteses e tomar a decisão mais adequada àquela circunstância. Não pode ser um procedimento automatizado, produzido a partir de conceitos-padrão. Ao se trabalhar com as crianças, é necessário ter clareza sobre quais são os processos que estão acontecendo e por que usar uma determinada estratégia.

Quando vou a uma escola da infância, gosto de fotografar aquela criança que passa dez vezes em frente ao espelho, se observando. Aquilo me emociona tanto, porque ela está descobrindo a imagem dela. É um processo em que ela se olha e se reconhece, "olha, essa sou eu". É um momento muito importante de construção de identidade. Esse é um processo que ainda estamos tateando, mas é certo que a construção dessa identidade passa pelas relações com o espaço em que ela transita.

O que significa escutar a criança? Até onde eu vou? Qual é a mediação que um professor deve fazer diante de uma fala infantil? Essas são descobertas da experiência. Não existe uma origem pragmática, é algo que se descobre na relação. Daí a importância de transformar as experiências em reflexão e depois em ação.

A formação do educador não passa somente pela formação acadêmica – ela é também acadêmica –, mas pela ação humanizadora, pelo pensamento sobre a intencionalidade de cada ato, pela essência do humano.

XI

Formação do formador

Aquele que quer aprender a voar um dia precisa primeiro aprender a ficar de pé, caminhar, correr, escalar e dançar; ninguém consegue voar só aprendendo voo.

Friedrich Nietzsche

A formação de professores, teoricamente, deveria contemplar o processo investigativo da especificidade de desenvolvimento da criança. Infelizmente, não podemos nos desconectar da história da educação no nosso país. Em 1960, quase 40% dos brasileiros jovens e adultos eram analfabetos, um contingente de 15,9 milhões de pessoas. Em 2019, eram 6,6%, segundo Pesquisa Nacional de Amostra por Domicílio (Pnad), o equivalente a 11 milhões de brasileiros sem capacidade de escrever um bilhete. Ainda assim, na faixa de 7 a 14 anos, pode-se dizer que o acesso foi democratizado. E, como já mencionado, após a Constituição de 1988, fortaleceu-se a visão da criança como sujeito de direitos.

Antes, nós tínhamos nesse espaço da formação a chamada Escola Normal, o magistério, que se preocupava muito com as práticas pedagógicas. Sou de uma geração que depois que terminava o ensino do magistério, do 1º ao 4º ano, quem quisesse trabalhar na educação infantil fazia especialização pré-escolar, mais centrada em crianças de 4 a 6 anos, porque, na época, não havia uma proposta de trabalho pedagógico com bebês, ainda estávamos longe desse olhar. O que aconteceu quando passou a ser obrigatória a formação superior? O professor terminou a graduação habilitado a trabalhar na educação infantil e no ensino fundamental.

Nesse caminho, nós tivemos muitos ganhos, como uma maior profissionalização, mas isso não significa que esse curso superior deu conta dessas especificidades do magistério. Não sou saudosista, mas o magistério tinha um foco muito preciso em analisar as práticas. Era um curso que capacitava, durante quatro anos, os profissionais com aulas de didática, metodologia, fundamentos da educação, com uma proposta extremamente ligada às ações e reflexões, por meio de estágios supervisionados e também da própria dinâmica do curso e seu processo avaliativo, muito mais voltado a trabalhos de pesquisa junto às crianças.

Uma questão central é que, quando nós estamos trabalhando com a criança, é preciso um olhar atento e sensível, de interação, de entendimento da subjetividade.

No curso superior há um módulo falando de infância. E há um universo de coisas sobre as quais precisaríamos discutir. Na minha visão, é preciso ser revisto o currículo da formação de professores que contemple a especificidade da educação infantil e a formação continuada para aprofundar as práticas pedagógicas *in locus*. Isso significa pensar num aprimoramento constante da nossa formação. As crianças vão se transformando e, se nós estamos fazendo a leitura a partir de contextos sociais, culturais, psicológicos, relacionais, precisamos estar muito antenados com as descobertas que elas fazem.

Existe ainda um preconceito relacionado à educação infantil que precisa ser derrubado. É necessário superar a ideia, historicamente muito marcada, de que quanto menor o aluno, menor a valorização dos profissionais. Os salários dos educadores da infância, a infraestrutura de muitas escolas, via de regra, são incompatíveis com a natureza e a importância do trabalho com as crianças.

A questão central é que se não houver uma boa compreensão da potência da criança nem clareza sobre o investimento das políticas públicas, o profissional dessa área também não será valorizado. Como a história da educação infantil é relativamente recente e essa atividade foi concebida para cuidar de criança, a suposição é de que não seria preciso desenvolver uma série de competências do profissional dessa área. O escopo da atividade ainda se encontra muito atrelado ou à maternagem ou à antecipação da escolaridade do ensino fundamental.

Durante um tempo, vigorou a ideia de que a disposição para trabalhar com crianças prevalecia sobre a formação. A experiência de ter trabalhado em creches, por exemplo, mesmo que sem fundamentação básica, já era suficiente para a pessoa exercer essa atividade.

À medida que a educação infantil se constituiu uma área de conhecimento, com uma especificidade, passou a demandar um perfil profissional. Veio, então, a questão da obrigatoriedade de ter curso superior. Só que a formação superior também não tinha desenvolvido uma *expertise* sobre a especificidade dessa área. Até hoje ainda há uma crítica de que a descrição de educação infantil fica muito rasa, ou fica só no campo dos fundamentos ou desqualifica as práticas educativas no sentido de entender a intencionalidade.

A característica de "gostar de criança" sempre foi uma marca forte na educação infantil. Não à toa, o educador Paulo Freire (1921-1997) escreveu o livro *Professora, sim; tia, não: cartas a quem ousa ensinar* (Paz & Terra). Não chamar de professora e, sim, de tia, dá a entender se tratar de uma relação de parentesco. Ainda que esse "tia" possa sinalizar uma proximidade afetiva, o termo distancia a ideia de que existe ali uma relação com um profissional detentor de conhecimentos específicos daquela área. Não é só uma questão de terminologia. Chamar de "tia" ou "tio", de certa forma, acentua a ideia do profissional movido por "eu faço porque gosto, porque tenho jeito com crianças...". Já os termos "professora" e "professor" conferem uma característica a um profissional que "faz porque tem um papel nessa relação".

A partir da Lei de Diretrizes e Bases (LDB), em 1996, a educação infantil foi colocada como a primeira etapa da Educação Básica. Nesse momento, ela passou a se configurar como atividade de natureza pedagógica, de organização de formação humana. Apesar de constar no escrito, essa concepção ainda precisa de um tempo para que seja apropriada no dia a dia.

Ao mesmo tempo, à medida que a ciência avança, nas pesquisas, aumenta a percepção de que a educação infantil perpassa a psicologia, a sociologia, a filosofia, a cultura infantil, o contexto social, a política educacional. Portanto, é uma área muito abrangente e precisa ser tratada em toda a sua amplitude. Sob a mesma perspectiva, é necessária uma formação que contemple todo esse escopo. São poucos os currículos, inclusive de formação inicial, que dão a devida profundidade a esse aspecto. A experiência precisa ser valorizada, mas a intencionalidade, a reflexão também, porque trabalhar com criança pequena é um exercício de observação constante, exige uma atuação de mediador. Entretanto, a observação fica prejudicada se o educador não conhecer o que está acontecendo com aquela criança no universo psicológico, na relação do contexto familiar, na construção da sua identidade, na sua elaboração cognitiva. É necessário contar com uma fundamentação sólida que precisa muito trazer a instituição de educação infantil como uma formação dotada de consistência. O papel de educador da infância requer consistência para lidar com as implicações de formar uma pessoa desde os primeiros anos de vida.

É claro que pessoas da área podem argumentar: "Mas a nossa formação não contemplou essa multiplicidade". Concordo. Mas não podemos ficar atados a um passado de incompletude. Precisamos pensar daqui para frente. Afinal, nós estamos na vida nos constituindo, nos atualizando o tempo todo. Precisamos, inclusive, nos mobilizar para lermos mais, para fundamentarmos cada vez mais os nossos conhecimentos. É bastante claro que as crianças deste tempo histórico nos solicitam, nos desafiam o tempo todo e trazem questões sobre coisas que jamais estudamos.

Daí a importância da construção de uma formação continuada, mesmo depois da formação que habilita o profissional a atuar no mercado de trabalho. Se há alguém que precisa de formação o tempo todo é o educador da infância, porque as influências vão mudando, as transformações vão se sucedendo, os contextos sugerindo outras dimensões, outras descobertas. Hoje, por exemplo, o que se sabe sobre o funcionamento do cérebro da criança, as suas ações neuronais, como se dá a questão das relações humanas, são descobertas que devem ser acessadas pelo profissional de educação infantil. Isso é nosso material de trabalho.

Um aspecto bastante discutido em nossa área é o binômio cuidar e educar. Eu, particularmente, considero que não se deve ficar só nos cuidados – que, evidentemente, são fundamentais –, mas é necessário ter a educação perpassando esse processo o tempo todo. A meu ver, é impossível alguém educar sem cuidar, assim como é impossível cuidar sem educar. Esses aspectos, para mim, sempre foram indissociáveis. Mas há pessoas que acham que a criança estando limpa, alimentada, o restante está resolvido. Não é assim, existe toda uma rede de conhecimentos específicos dessa criança, de reações, de manifestações de ordens cognitivas, afetivas, sociais e culturais. Quando a criança sai do seu contexto familiar e vem para o contexto da escola, ela carrega toda uma carga de cultura, de construção, de experiência, de interação que precisa ser levada em conta. Existe um repertório de saberes com essa criança, saberes dos adultos com quem interagiu desde o berço. Quando chega a hora da manifestação do pensamento e da linguagem, alguns aspectos precisam ser muito bem trabalhados, como a oralidade, a relação, as possibilidades e descobertas, a experiência.

A palavra experiência na formação do educador da infância é primordial. Tanto a experiência da criança como a experiência que ele próprio constrói na relação com a criança. Porque é a partir dessa sintonia que ele pode planejar, registrar, avaliar.

Cabe ressaltar que existem várias formas de conduzir a formação continuada. Há a formação centrada na escola, em que a própria instituição reúne os professores para discutir suas práticas relacionando-as com teorias. Tem a formação de ordem psicossocial, que é a terapia do professor. Considero importante esse momento de encontro dele com suas questões, que também faz parte do processo formativo – idealmente deveria ser uma possibilidade a todos os profissionais da área. Tem crescido a formação trabalhada a partir de pequenos grupos que constituem um espaço reflexivo de aprofundamento do seu cotidiano.

Eu, particularmente, considero muito proveitosa a formação colaborativa, em que o educador troca com seus pares. Os profissionais precisam intercambiar conhecimentos com seus colegas de ofício. Se é tão comum um médico procurar a opinião de um colega da mesma ou de outra especialidade para ter mais elementos para analisar um caso, por que o professor não recorre a esse expediente? Esse é um hábito que merece ser cultivado. "O que você faria no meu lugar?", "isso já aconteceu com você?", "como conduziu?", "qual foi o desdobramento?", "existe algum autor que trate desse assunto?", "tem alguma pesquisa sobre esse tema?". Deveríamos aproveitar melhor a oportunidade de trocarmos relatos, debatermos casos vividos em sala de aula. A discussão entre pares pode ser uma fonte riquíssima para as reflexões acerca do nosso ofício.

O aspecto crucial é ter consciência de que o processo de formação acontece ao passo que o mundo se transforma. E o mundo se transforma o tempo todo.

XII

Espaço vivo

A amorosidade de que falo, o sonho pelo qual brigo e para cuja realização me preparo permanentemente, exigem em mim, na minha experiência social, outra qualidade: a coragem de lutar ao lado da coragem de AMAR!

Paulo Freire

Sempre que estou conduzindo um curso de formação, eu começo com a prática e depois trago a teoria para iluminar a prática. Faço o movimento contrário do que é mais habitual. Porque acredito que é nesse processo que os aprendentes enxergam elementos das crianças que não estariam tão nítidos a partir de um estudo. Considero esse caminho mais interessante do que apresentar a teoria e procurar articular essas observações nas ações pedagógicas. Devo dizer, no entanto, que essa é uma opção pessoal, não significa que seja uma regra a ser seguida. O fundamental no processo pedagógico é que haja coerência entre o discurso e o fazer. O conhecimento, de fato, só se constitui na relação entre teoria e prática. O maior benefício desse movimento, na minha visão, é contribuir para pensar formas diferentes de ação, em vez de encaixar alunos em moldes. É trazer o espaço vivo das crianças para dialogar na formação.

Desde que eu trabalho com formação de formadores, ficou muito evidente que, se não for a partir da reflexão dos seus fazeres, a consistência se perde. Então, a formalidade aponta que "as crianças têm tais e tais estágios de desenvolvimento", "a oralidade se coloca assim", "as regras, a organização se estabelecem desse modo". A grande questão, a meu ver, é como eu manejo essas informações em um contexto com outros grupos, numa sociedade em movimento, em que a diversidade aflora, onde emergem questões, algumas delas ainda nem discutidas pela literatura científica. Trata-se, portanto, de uma formação emergente que parte das cenas do cotidiano, da investigação, da observação do professor, do tateamento do seu pensamento.

Eu gosto muito da expressão do pedagogo francês Célestin Freinet (1896-1966) que diz que precisa fazer um "tateamento sensível", aquele que não é só com as mãos, mas com os olhos, com os ouvidos. Esse é um processo reflexivo e coletivo. Por isso, o professor precisa trocar com alguém, ele não pode ser solitário, ele precisa compartilhar seus saberes com seus pares.

Muitos espaços educacionais têm aplicado testes com crianças – e cada vez mais cedo, até com crianças pequenas –, embora não assumam essa denominação. Isso cria um ambiente completamente diferente, onde a criança não se sente aberta para interagir, onde tem seus primeiros medos de não corresponder às expectativas dos adultos, onde sente a cobrança da família. Considero essa prática muito questionável, afinal, quem de nós é capaz de dizer que o desenvolvimento de uma criança de 4 ou 5 anos está aquém do que deveria ser? Isso precisa ser pensado em cima das estratégias que foram usadas, da vivência que ela teve, da história que escreve nesse processo. Tem gente que acha maravilhoso a criança falar como um adulto. Eu acho uma pena, porque pode ser um sinal de que ela não está convivendo com crianças de diferentes idades, de diferentes características.

Atualmente, fala-se muito nos campos de experiências de educação infantil, inclusive constam na Base Nacional Comum Curricular. A criança precisa ter aprendizagens a partir desses campos de experiências. Só que o direito à aprendizagem de brincar precisa ter uma fundamentação sólida. O que ocorre quando a criança brinca? Que aspectos ela desenvolve? Que compreensões do mundo ela passa a ter?

Nós mudamos muito como educadores da infância a partir da relação com a criança. Começamos a perceber que não dá para ser o mesmo profissional com todas. Por que insisto tanto na importância de a criança ter contato com a natureza? Porque na natureza estão elementos que a fazem aprender a partir da sensibilidade. Os cinco sentidos na educação da infância precisam ser muito bem trabalhados. Hoje fala-se da antropologia dos sentidos, que enfatiza como a criança toma consciência de si, por meio do sentir, por experiências sensoriais e perceptivas. Dessa forma, toda criança caminha num território sensorial ligado à sua cultura e sua história, desenhando e construindo uma "organização sensorial" que lhe é própria.

Eu aprecio muito quando as crianças brincam com comida, porque essa atividade reúne movimento, cheiro, sabor, cor. Às vezes, o educador da infância ouve essa proposta e quer transformar a atividade em aula de culinária. A ideia é uma interação com os alimentos, é diferente, pois não tem a intencionalidade do resultado, mas do desenvolvimento sensorial.

Em 2019, tive a oportunidade de conhecer o professor italiano Aldo Fortunati, figura ativa na experiência San Miniato, na região da Toscana, que tem como principais elementos o trabalho compartilhado entre os educadores, o planejamento do espaço físico, o envolvimento das famílias e o registro das atividades. Nossa conversa aconteceu numa escola em Santana de Parnaíba (SP). A experiência San Miniato, que chamou a atenção de gente do mundo inteiro, partiu da sabedoria das crianças. Esse foi o nosso ponto de encontro. Não foram só os textos que lemos, mas o fato de termos a criança como grande fonte de inspiração. Esse movimento para a criança é decisivo. Por isso que hoje é tão propagado que os dois grandes eixos da formação de crianças são as interações e as brincadeiras. A criança precisa interagir com outras crianças, com adulto, com os objetos, com o espaço. Ao passo que as brincadeiras devem promover o contato com o lúdico.

Defendo a presença do lúdico nas múltiplas dimensões. O antropólogo norte-americano Clifford Geertz (1926-2006) é um autor que trabalha numa perspectiva social e cultural. O psicólogo francês Henri Wallon (1879-1962) associa o brincar com afetividade, interação e aprendizagem. Outra abordagem importante é o brincar heurístico, uma linha em que as crianças exploram de modo espontâneo os objetos que fazem sentido para elas e, a partir daí, vão estabelecendo outras relações, como a com o espaço e com as demais crianças.

Em 2018, em visita a uma escola em Portugal, observei que havia objetos pendurados no teto logo na entrada. Os educadores me explicaram que as crianças costumam olhar muito para o teto, portanto, aquele espaço precisava ser também muito estimulador. Isso é olhar com olhos de criança.

O conhecimento desses recursos é muito importante para o educador, porque, entre outros aspectos, o libera daquele fazer mais atrelado ao processo de alfabetização, de formalização de rotinas. A escola de educação infantil já mudou muito nos últimos vinte anos. Muito se avançou em relação ao uso dos mesmos materiais, com todo mundo fazendo a mesma coisa, pintando o mesmo coelho, cantando a mesma música. Em alguns lugares ainda persistem, às vezes, com roupa nova pelos exercícios via internet. Uma linguagem mais moderna, mas de reprodução também. E, como já mencionado, o projeto pedagógico da educação infantil, diferentemente dos destinados às demais faixas, não é de conteúdos, é de experiências.

O sociólogo e educador espanhol Miguel Arroyo tem um texto chamado "O significado da infância", de 1994, que segue mais atual do que nunca. Ele defende que não adianta *matematizar*, alfabetizar, se o educador não internalizar a sensação da essência humana. Eu penso a educação infantil como atividade que lida diretamente com a essência humana. Nossa sociedade está criando um isolamento, uma construção solitária em vez de solidária. As redes sociais ampliam o nosso universo de contatos, mas nunca houve tanto isolamento. Muitos adultos comentam, com um certo orgulho, que as novas gerações já nascem conectadas. E o que elas fazem com essa conexão tecnológica se não existir a conexão humana? Insisto: as crianças não aprendem sem presença. A desumanização está se acelerando entre nós. Esse é um fenômeno muito sério.

Na Itália, os educadores têm o hábito de fazer uma atividade da qual sou entusiasta: teatro para bebês. É muito interessante observar como os bebês ficam fascinados. O imaginário se materializa, e é bastante comum que eles comecem a interagir. Vão para o palco, puxam a cortina, querem descobrir o que tem ali. É uma experiência de aprendizagem. Aquela emblemática cena do filme *E.T.* (dir. Steven Spielberg, 1982) em que as bicicletas decolam é uma fantasia, mas a criança imagina cenas assim constantemente no seu universo, desde que tenham a possibilidade dessa fruição e que sejam estimuladas para exercitar a criatividade.

A nossa contribuição, como educadores da infância, passa por uma formação que não esteja engessada, não seja orientada por esquemas de "primeiro passo, segundo passo, terceiro passo...", mas numa relação humana de proximidade.

O professor da infância é um grande mediador de relações. Isso não é fácil de se constituir, porque requer enfrentar conflitos, compreender diferentes culturas, ter sensibilidade para entender contextos. Todos os professores enfrentam isso, mas, no caso da criança pequena, isso se manifesta de formas muito próprias e, por vezes, nem se manifesta de forma tão clara pela fala ou pelo comportamento. A postura de um professor da infância é determinante na relação. O tom de voz, o gesto de se abaixar para falar à mesma altura da criança são cuidados e constituem a sua postura profissional. Todo ritual deve ser vivido junto com a criança, que precisa perceber a materialidade daquilo que o educador está falando. A criança entende pela concretude, não só pela palavra. Não adianta dizer "agora nós vamos fechar os olhos" se o educador ficar de olhos abertos. O professor é referência. Às vezes, eu peço que crianças de 4, 5 anos desenhem um retrato do professor. Cada uma a seu modo, geralmente elas expressam um olhar muito amoroso.

Amorosidade é a palavra que dá o tom do nosso ofício. Porque ela é praticada no convívio, nessa via de mão dupla entre ensinantes e aprendentes. É assim que nos movimentamos e é justamente esse movimento que constitui a riqueza da nossa experiência. Lidamos com o conteúdo vida. Ela está sempre presente. Uma escola viva se caracteriza por ser um espaço de alegria. Pessoas que não têm alegria deveriam procurar outra área, pois a educação infantil tem como matéria principal a vida.

Isso não significa ignorar os desafios do nosso tempo, que são vários: o acolhimento às diversidades, o respeito ao meio ambiente, a preocupação com a qualidade de vida, a ênfase na relação com a comunidade, o foco na gestão democrática, o limite aos avanços de posições individualistas, excludentes e consumistas.

Mas é justamente diante desse cenário que precisamos reforçar a nossa proposta de materialização de uma pedagogia do encontro: dialógica, participativa e inclusiva. E, com isso, estabelecer uma aprendizagem que seja, de fato, autêntica, profunda e real.

É com essa disposição interna e com esse comprometimento que vamos assegurar um futuro mais alvissareiro para as próximas gerações. Temos uma contribuição efetiva a dar para que as pessoas se desenvolvam de forma plena. Por uma feliz coincidência, este livro é publicado no ano em que se comemora o centenário de Paulo Freire, que deixa um legado em defesa dos direitos humanos, fundamentado nos princípios de humanização, inclusão e emancipação.

Somos todos responsáveis pelo exercício da cidadania nas infâncias.

REFERÊNCIAS

ALDO, Fortunati; PAGNI, Barbara. *As crianças e a revolução da diversidade*. San Miniato: Centro Internazionale Di Ricerca e Documentazione SulInfanzia – Gloria Tognetti, Ed. Buqui, 2019. ANDRADE, Carlos Drummond de. *Claro enigma*. Rio de Janeiro: Record, 1991.

ARROYO, Miguel. *O significado da infância*. Anais do Seminário Nacional de Educação Infantil. Brasília: MEC- SEF-COEDI, 1994.

ARROYO, Miguel; SILVA, Maurício Roberto. *Corpo-Infância: exercícios tensos de ser criança*. Petrópolis, RJ: Vozes, 2012.

BARROS, M. *Poesia completa*. São Paulo: Leya, 2011.

BARROS, M. *Retrato do artista quando coisa*. 3. ed. Rio de Janeiro: Record, 1996.

BARROS, M. *O livro das ignorãças*. Rio de Janeiro: Record, 2000.

BRASIL. [Constituição (1988)]. *Constituição da República Federativa do Brasil*. Brasília: Senado Federal, 1988.

BRASIL. *Lei nº 8.069, de 13 de julho de 1990*. Dispõe sobre o Estatuto da Criança e do Adolescente e dá outras providências. Diário Oficial [da] República Federativa do Brasil, Brasília, DF, 16 jul. 1990. Disponível em: http://www.planalto.gov.br/ccivil_03/LEIS/L8069.htm#art266. Acesso em: 23 ago. 2021

BRASIL. *Lei nº 9.394, de 20 de dezembro de 1996*. Estabelece as diretrizes e bases da educação nacional. Brasília, DF, 1996.

BRASIL. Ministério da Educação. Secretaria de Educação Básica. Ministério da Educação e do Desporto. Secretaria de Educação Básica. *Diretrizes Curriculares Nacionais para a Educação Infantil*. Brasília: MEC/SEB, 2010a.

BRASIL. *Lei nº 8.742, de 7 de dezembro 1993*. Disponível em: http://www.planalto.gov.br/ccivil_03/Leis/L8742.htm. Acesso em: 24 ago. 2021.

BRASIL. *Lei nº 13.257, de 8 de março de 2016*. Dispõe sobre as políticas públicas para a primeira infância. Marco legal para a primeira infância. Brasília, DF, 2016.

BRASIL. Ministério da Educação. Secretaria da Educação Básica. *Base Nacional Comum Curricular*. Brasília, DF, 2017.

BUARQUE, Chico. João e Maria. Álbum *Os meus amigos são um barato*. Nara Leão, 1977.

CANÁRIO, Rui. A escola: o lugar onde os professores aprendem. *Revista Psicologia da Educação*. São Paulo, 6, 1º semestre 1998, p. 9-27.

CORSARO, Willian Arnold. *Sociologia da Infância*. São Paulo: Artmed, 2011.

COSTA, Maria Velho da. *Desescrita*. Porto: Afrontamento, 1973.

CRUZ, Silvia Helena Vieira. (org.). *A criança fala*: a escuta de crianças em pesquisas. São Paulo: Cortez, 2008.

DAHLBERG, Gunilla; MOSS, Peter; PENCE, Alan. *Qualidade na educação da primeira infância*: perspectivas pós-modernas. Porto Alegre: Artmed, 2003.

Em 2019, havia 1,8 milhão de crianças em situação de trabalho infantil no país, com queda de 16,8. frente A 2016. *Agência IBGE Notícias*, 2020. Disponível em: https://agenciadenoticias.ibge.gov.br/agencia-sala-de-imprensa/2013-agencia-de-noticias/releases/29737-em-2019-havia-1-8-milhao-de-criancas-em-situacao-de-trabalho-infantil-no-pais-com-queda-de-16-8-frente-a-2016. Acesso em: 23 ago. 2021.

FUNDAÇÃO SEADE. Pesquisa Seade. Mulheres e arranjos familiares na metrópole, 2020. Disponível em: https://www.seade.gov.br/wp-content/uploads/2020/03/Pesquisa-SEADE_Mulheres-chefes-fam%c3%adlia_ok-1.pdf. Acesso em: 23 ago. 2021.

FRANCO, Luiza. Investir em educação para a primeira infância é melhor 'estratégia anticrime'. *BBC. News Brasil.* 2019. Disponível em: https://www.bbc.com/portuguese/geral-48302274. Acesso em: 23 de ago. 2021.

FREIRE, P. *Professora sim, tia não:* cartas a quem ousa ensinar. São Paulo: Olho d'Água, 1997.

FRIEDMANN, Adriana. *Linguagens e culturas infantis.* São Paulo: Cortez, 2013.

GALEANO, Eduardo Hugles. *De pernas pro ar:* a escola do mundo ao avesso. Tradução de Sergio Faraco; com gravuras de José Guadalupe Posada. Porto Alegre: L&PM Editores, 2011.

HORN, Maria da Graça Souza. *Sabores, cores, sons, aromas*: a organização do espaço na Educação Infantil. Porto Alegre: Artmed, 2004.

IBGE – Instituto Brasileiro de Geografia e Estatística. *Pesquisa Nacional por Amostra de Domicílios Contínua* – Educação 2018, 2019. Disponível em: https://agenciadenoticias.ibge.gov.br/media/com_mediaibge/arquivos/00e02a8bb67cdedc4fb22601ed264c00.pdf. Acesso em: 25 ago. 2021.

IBGE – Instituto Brasileiro de Geografia e Estatística. Agência IBGE Notícias, 2011. Censo 2010: País tem declínio de fecundidade e migração e aumentos na escolarização, ocupação e posse de bens duráveis.

Disponível em: https://agenciadenoticias.ibge.gov.br/agencia-sala-de-imprensa/2013-agencia-de-noticias/releases/14123-asi-censo-2010-pais-tem--declinio-de-fecundidade-e-migracao-e-aumentos-na-escolarizacao-ocupacao-e-posse-de-bens-duraveis. Acesso em: 25 ago. 2021.

MCKEE, David. *Agora não, Bernardo*. 2. ed. São Paulo: WMF Martins Fontes, 2010.

NERUDA, Pablo. *Livro das perguntas*. São Paulo: Cosac Naify, 2008.

ONU Mulheres. *Retrato das desigualdades de gênero e raça*. Disponível em: http://www.ipea.gov.br/retrato/indicadores_chefia_familia.html Acesso em: 23 ago. 2021.

PESSOA, Fernando. *Poesias*. 15. ed. Lisboa: Ática, 1995.

PROGRAMA TERRITÓRIO DO BRINCAR. Disponível em: http://territoriodobrincar.com.br/. Acesso em: 25 ago. 2021.

SÃO PAULO (Município). *Decreto nº 58.514, de 14 de novembro de 2018*. Aprova e institui o Plano Municipal pela Primeira Infância 2018-2030. São Paulo, 2018.

SARMENTO, Manuel Jacinto, *et al*. Infância, exclusão social e educação como utopia realizável. *Revista Educação & Sociedade*, nº 78, abr. 2002.

Este livro foi composto em Adobe Garamond Pro
para a Cortez Editora, na cidade de São Paulo, e impresso
no ano do centenário de nascimento de Paulo Freire (1921-2021).

www.cortezeditora.com.br